CÓMO CURARSE
CON AJO Y CEBOLLA

© Editorial De Vecchi, S. A. 2019
© [2019] Confidential Concepts International Ltd., Ireland
Subsidiary company of Confidential Concepts Inc, USA
ISBN: 978-1-64461-465-5

Vincenzo y Chiara Fabrocini

CÓMO CURARSE
CON AJO
Y CEBOLLA

dve
PUBLISHING

ÍNDICE

RECETAS PARA CURARSE EN LA MESA

INTRODUCCIÓN

El ajo *(Allium sativum)* y la cebolla *(Allium cepa)* son dos plantas «hermanas», ya que pertenecen a la misma familia de las Liliáceas, ricas en propiedades y virtudes gastronómicas y terapéuticas. Por esta razón se han exaltado desde la antigüedad siempre mirando a su importancia nutritiva y al prestigio de ser medicinas naturales, a pesar de todos los inconvenientes y molestias debidas a su sabor fuerte y no tolerado por todos, al escozor de los ojos y al mal aliento, a la digestión pesada si se comen crudos.

Estos mensajes desagradables para nariz, paladar y ojos sensibles están, de todas formas, bien compensados por las ventajas gastronómicas y terapéuticas que justifican el importante lugar ocupado por ajo y cebolla entre los numerosos alimentos y remedios vegetales. Entre otras cosas, estos mismos inconvenientes constituyen la prueba tangible de la presencia, en estos bulbos, de factores químicos de excepcional potencia defensiva y medicinal, que se pueden aprovechar útilmente para el tratamiento de la propia salud. En las dos primeras partes de este libro, después de una descripción de las características y de las propiedades de ajo y cebolla, se presentará al lector una guía de fichas terapéuticas basadas en la fisiopatología y en la farmacognosia natural práctica y clínica. Enteros, los bulbos de ajo y cebolla no emanan olor fuerte ni estimulan el lagrimeo. Se advierte, en cambio, el olor fuerte del ajo y se lagrimea inmediatamente con una cebolla sólo cuando los dientes y el bulbo se aplastan o se cortan. Este es un mecanismo accionado por la naturaleza que facilita la defensa de sus frutos. De hecho, el ajo y la cebolla se defienden con una serie de sustancias activas de los ataques de hongos, bacterias, virus o de los agentes físicos (animales, etc.).

Particularmente, en el ajo interviene una enzima, la *alinasa*, que determina el paso de la aliína a la alicina, molécula sulfurada responsable del olor y del sabor fuerte, como también de las molestias digestivas como regurgitaciones y ardores gástricos. También en la cebolla, de manera parecida, una activación enzimática defensiva

provoca en las personas un lagrimeo inmediato cuando se corta, y también regurgitaciones esofágicas y gástricas.

Para entender de qué manera ocurre esto, se tiene que observar el viaje del ajo al interior del organismo. Su bulbo contiene muchos compuestos: sales minerales, proteínas y oligopéptidos, fructosanos, glucósidos, fosfolípidos, vitaminas. En particular, algunas sustancias biológicamente interesantes son de origen sulfurado, como justamente la alicina; absorbidas a través del intestino, entran en la circulación sanguínea para difundirse luego en todos los órganos y ejercer sus benéficos efectos.

De todas formas, puesto que es un compuesto muy inestable, la alicina se descompone en una serie de sustancias irritantes y con fuerte olor, que pasan de la sangre a los pulmones y salen con el aire espirado: es en esta fase cuando se advierte el mal aliento.

Lo mismo pasa con la cebolla.

Básicamente, las mismas moléculas sulfuradas producidas por el ajo y la cebolla en defensa de su integridad se vuelven principios reactivos defensivos y curativos también para la salud del organismo humano.

En conclusión, para lograr la mayor acción por parte de los principios activos de estas plantas, es necesario consumir los bulbos crudos y frescos, aceptando sus olores y sabores.

No nos dejemos llevar por los rechazos de la nariz y del paladar, por el mal aliento o el lagrimeo, ya que se trata de signos de la capacidad medicinal del ajo y de la cebolla y factores secundarios e irrelevantes cuando se trata del bien precioso que es la salud.

De todas maneras, para minimizar estos inconvenientes, es suficiente aplastar dos dientes de ajo con aceite extra virgen de oliva y con perejil y tomarlos untados en una rebanada de pan, o bien ingerir un diente de ajo, redondeado con un cuchillo y enrollado en un barquillo, como si fuera una píldora: el aliento no sufrirá demasiado.

Para no llorar es suficiente cortar la cebolla bajo el agua corriente, ya que el factor lacrimógeno es hidrosoluble. Para rebajar el fuerte sabor, no tolerado por todo el mundo, es suficiente dejar la cebolla en agua fría o tibia, durante un poco de tiempo. De todas formas, si se quiere cocinar, hay miles de posibilidades: hervida entera o cocida en el horno y aliñada con aceite y limón o vinagre, a la cazuela como acompañamiento de segundos platos y en agridulce, o como sofrito básico en las sopas y las menestras.

A este propósito, ya que uno se puede cuidar muy bien incluso en la mesa, juntando lo bueno con lo útil, en la última parte del libro, se propone una selección de recetas que incluyen ajo y cebolla, con un afectuosísimo «¡buen provecho!»

EL AJO

NOTAS HISTÓRICAS

EL AJO EN EL MUNDO ANTIGUO

En el mundo antiguo el ajo tuvo el primer lugar entre los remedios vegetales, a parte de ser el aroma más común en la cocina mediterránea unido o alternado con la cebolla.

LOS EGIPCIOS

Los egipcios apreciaron el ajo en gastronomía y en medicina. Los faraones se hacían sepultar con ajuares funerarios que incluían pequeñas esculturas de arcilla y madera que representaban bulbos de ajo y cebolla, destinados a aromatizar y aliñar sus manjares ultraterrenos.

Un papiro médico, conocido como papiro Ebers (1500 a. de C.), nos ha dejado veintidós recetas con ajo para curar tumores, molestias cardiacas, cefaleas, mordeduras de animales, infestaciones de gusanos, heridas y traumatismos.

Se pensaba que era infalible contra la picadura de escorpión, la mordedura de víbora o de un perro rabioso: en estos casos, además de frotar con ajo la parte herida, se tenían que comer varios dientes crudos para purificar el organismo entero.

Los trabajadores que construyeron las pirámides recibían cada día unos dientes de ajo para beneficiarse de sus propiedades antisépticas y tónicas.

GRIEGOS Y ROMANOS

En el mundo griego, Hipócrates de Cos (460-370 a. de C.), fundador de la

> Incluso lejos del Mediterráneo, el ajo se conocía desde hace más de tres mil años. Se utilizaba en la India para sanar heridas, úlceras y llagas. En la China, en cambio, era más popular la cebolla, que, en forma de té, se recetaba como febrífugo y remedio contra el dolor de cabeza, el cólera y la disentería.

medicina occidental, aconsejó el ajo como terapia de uso externo e interno, seguro de sus capacidades curativas. Intuyó también las propiedades de potenciar las facultades del intelecto. Fue justamente la era de Pericles (495-429 a. de C.), cuando Atenas impuso su superioridad cultural en toda Grecia, la época en que los intelectuales atenienses se hicieron grandes consumidores de ajo, convencidos de poder mantener así su mente más lúcida y aguda.

En el mundo romano, Plinio el Viejo (23 a. de C.-79 d. C.), en su *Naturalis historia*, indica numerosas utilizaciones del ajo que confirman las ya conocidas y practicadas en todo el mundo antiguo. Los romanos lo utilizaron muchísimo en su cocina y antes de los certámenes deportivos para lograr más fuerza y vigor. Los gladiadores, particularmente, lo comían antes de combatir en la arena. Griegos y romanos, de todas formas, como los egipcios, consideraban no grato a los dioses entrar en sus templos después de haber consumido ajo; obviamente, a causa del

mal olor que turbaría el ambiente sagrado, más digno de otros perfumes.

LA ESCUELA DE SALERNO

Desde la Edad Media en adelante, las propiedades terapéuticas del ajo se han estudiado y profundizado cada vez más durante siglos. La célebre Escuela de Salerno (que llegó a su apogeo en el siglo XII y sobre la cual se basa la medicina occidental) consideraba en sus Reglas el ajo un antídoto práctico contra el veneno («*antidotum contra mortale venenum*»). En una época en la cual, como se sabe, las epidemias de peste no representaban ninguna novedad, los médicos utilizaban, en su ejercicio profesional, una mascarilla forrada de ajo por dentro.

EL AJO EN LA MEDICINA POPULAR

En la medicina tradicional y popular, el ajo ha sido utilizado a menudo en casos de:

- afecciones respiratorias (resfriado, gripe, bronquitis crónica), con necesidad de acción antiséptica, mucolítica, expectorante;
- asma bronquial y alérgica, enfisema pulmonar;
- abscesos, afecciones de la piel, llagas infectadas, úlceras, quistes;
- astenia, debilidad general y bajón energético;
- aterosclerosis, decaimiento típico de la senilidad;
- piedras biliares y urinarias, colecistitis y colelitiasis;
- prevención de las enfermedades del hígado y biliares;
- diarreas con necesidad de desinfección intestinal;
- trastornos del tabaquismo;
- hipercolesterolemia e hipertrigliceridemia;
- enfermedades cardiovasculares y accidentes trombopiastrínicos;
- hipertensión con necesidad de acción vasodilatadora;
- profilaxis y tratamiento de las enfermedades infecciosas con necesidad de acción bacteriostática y bactericida;
- enfermedades reumáticas (artrosis, artritis, gota);
- plétora e hiperviscosidad sanguínea;
- parasitosis intestinal (lombrices, oxiuros, tenia).

NORMAS DE SALUD DE SALERNO: EL AJO COMO ANTÍDOTO

«Contra los tóxicos funestos los antídotos más seguros son: el ajo, la ruda, el rábano, nueces y peras, y una teriaca, remedio soberano, pero que esté hecha como se debe».

De *Medicina medievale*, Turín, 1972

ALLIUM SATIVUM

El ajo (nombre científico: *Allium sativum*) es una planta herbácea perenne de la familia de las Liliáceas.

Crece desde un pequeño bulbo separado en dientes. El tallo, esbelto, está rodeado por hojas largas, derechas y puntiagudas.

Las flores son blancas y juntas en una inflorescencia en forma de paraguas.

De la planta se utilizan los bulbos, que se recogen en primavera o en julio y agosto cuando las flores y las hojas están secas. Es probable que el nombre latino *allium* derive de la palabra céltica *all* («que quema»), que realmente es adecuada al sabor caliente y fuerte, signo característico y evidente del ajo.

El adjetivo *sativum,* en cambio, significa «cultivable».

La indicación farmacéutico-herborística completa es *Allium sativum L. bulbus excorticatus et contusus.*

VALORES NUTRICIONALES Y ENERGÉTICOS (por 100 g de materia útil)	
Valor energético	41 kcal
Agua	80 g
Proteínas	0,9 g
Lípidos	0,6 g
Azúcares	8,4 g
Sodio	3 mg
Potasio	600 mg
Hierro	1,5 mg
Calcio	14 mg
Fósforo	63 mg
Vitamina A	5 mg
Vitamina B_1 (tiamina)	0,14 mg
Vitamina B_2 (riboflavina)	0,02 mg
Vitamina C	5 mg
Vitamina PP	1,3 mg

Nota: la materia útil corresponde al 70 % del bulbo.

(fuente: *Fichas de composición de los alimentos,* Instituto Nacional de la Nutrición, Roma, 1997)

Además de los elementos indicados en la ficha, el ajo contiene:
- hormonas sexuales y enzimas importantes como la alinasa;
- un glucósido sulfurado, la aliína, que baja la presión arterial;
- una molécula sulfurada, la alicina, factor antibacteriano.

Aterosclerosis, o escleroateroma, es un término creado en 1904 para indicar las alteraciones de las grandes arterias, claramente identificables en anatomía patológica. Tales alteraciones consisten en un proceso degenerativo con depósito de grasas neutras, ácidos grasos, colesterol y sus ésteres. El fenómeno se evidencia mediante calcificaciones y fibrosis del tejido que afectan sobre todo a la túnica interna de la arteria. La lesión característica está representada por el ateroma.

LAS PROPIEDADES TERAPÉUTICAS

El primer científico que descubrió las propiedades antibacterianas del ajo fue el francés Louis Pasteur, químico y bacteriólogo, en 1858. Posteriormente, la mayoría de sus propiedades terapéuticas, muy aprovechadas durante siglos en la medicina popular, han sido confirmadas mediante el estudio farmacológico y la experimentación clínica. En el estado actual de la medicina oficial, que ha progresado notablemente en los diagnósticos y en las terapias, las posibilidades curativas del ajo pueden resultar útiles sobre todo en la prevención de muchas enfermedades.

PROPIEDADES HIPOTENSIVAS Y ANTIHIPERTENSIVAS

Entre las propiedades terapéuticas del ajo confirmadas en farmacología clínica, la normalización de la presión arterial está en los primeros puestos. El ajo, de hecho, actúa como vasodilatador de las arteriolas y de los capilares y, además, estimula de manera suave también la diuresis, que favorece una sinergia terapéutica hipotensiva arterial. Estas propiedades se realizan a través de la acción de su aceite esencial, la alicina, compuesto por sulfuro y óxido de alilo, que se separan bajo el efecto de la enzima alinasa. Como hipotensivo, el ajo terapéutico, además de en bulbo fresco o desecado, se puede suministrar en polvo (cápsulas o galletas de 0,3 g) o en tintura, adquiribles en farmacias o en herboristerías.

PROPIEDADES VASCULARES Y CARDIOVASCULARES

Además de las propiedades hipotensivas y antihipertensivas del ajo, conocidas desde hace siglos, también sus interesantes propiedades estructurales vasculares han recibido comprobación científica. Hoy día se puede afirmar sin duda que el ajo, como remedio saludable específico vascular, puede actuar positivamente también en el comienzo de la molestia hipertensiva, previniendo la degeneración aterosclerótica de las paredes arteriales.

PROPIEDADES HIPOLIPIDEMIZANTES E HIPOCOLESTERO-LEMIZANTES

El ajo regulariza los niveles de los lípidos, o grasas, especialmente del colesterol y de los triglicéridos en la sangre. Sus compuestos «disuelven», por así decirlo, los productos de la degeneración grasa. Propiedades hipolipidemizantes e hipocolesterolemizantes de gran interés antidegenerativo han sido comprobadas en experimentos de laboratorios relativos al ajo tomado por ratas y conejos sometidos a regímenes alimentarios diferenciados.

Ha sido posible observar también una bajada de los triglicéridos del suero y del hígado, pero, sobre todo, la disminución de la relación entre el colesterol LDL (colesterol «malo») y el colesterol HDL (colesterol «bueno»).

COLESTEROL «BUENO» Y COLESTEROL «MALO»

El colesterol, como las otras sustancias grasas presentes en el organismo, no puede circular solo, sino que tiene que ser vehiculado por otras sustancias proteínicas especiales. Según el tipo de estas sustancias, toma características y nombres diferentes: *colesterol LDL (Low Density Lipoproteins)*, o colesterol «malo», constituido por las lipoproteínas «perezosas», que favorecen la formación de depósitos grasos en las paredes de las arterias; *colesterol HDL (High Density Lipoproteins)*, o colesterol «bueno», constituido por las lipoproteínas activas que limpian como barrenderos la túnica interna (íntima) de las arterias de las acumulaciones grasas, de las cuales deriva progresivamente la degeneración esclerótica de los vasos arteriales.

Las sustancias hipocolesterolemizantes presentes en el ajo crudo reducen la posibilidad de formación de placas degenerativas en las paredes internas arteriales, o sea, los ateromas, los cuales —está bien subrayarlo— generalmente están destinados a desarrollarse hacia la ulceración y la trombosis. Dicho aún más sencillamente, el ajo ayuda a mantener las arterias jóvenes durante más tiempo.

PROPIEDADES ANTIAGREGANTES DE LAS PLAQUETAS

El ajo previene la agregación de la plaquetas de la sangre, o sea, la formación de peligrosos grumos o coágulos (trombos) en el interior del sistema cardiovascular.

De la agregación de las plaquetas se desarrollan los fenómenos trombóticos que llevan a enfermedades lesivas como tromboarteritis y tromboflebitis.

La investigación científica de los años ochenta identificó en los ajoenos, compuestos moleculares que se encuentran en el ajo, los protagonistas activos de las capacidades antiagregantes de las plaquetas de esta planta.

Tales compuestos interactúan directamente con los receptores de las plaquetas del fibrinógeno, o sea, con la proteína soluble que, durante la coagulación sanguínea, se une a otras moléculas sencillas formando un compuesto proteico insoluble, la fibrina. Los ajoenos favorecen también la acción de la 5-liposigenasa, una enzima que parte las moléculas grasas en formas sencillas.

¿EL AJO COMO LA ASPIRINA?

Los resultados de recientes experimentos parecen confirmar que el ajo posee propiedades antiagregantes similares, o casi, a las de la conocida y familiar aspirina.

La *aspirina* (nombre comercial del ácido acetilsalicílico) es, desde hace mucho tiempo, muy utilizada como antirreumático, analgésico y antipirético.

Más recientemente se empezó también a utilizarla en la prevención de las enfermedades trombóticas, como eficaz antiagregante de las plaquetas, por cuanto determina una irreversible inhibición de la enzima de las plaquetas ciclooxigenasa, que incide sobre la hemocoagulación. Por esta razón, la aspirina se aconseja generalmente (250 mg/día) en los sujetos con riesgo de hiperviscosidad de la sangre, sobre todo si han padecido anteriormente episodios trombóticos o incluso ataques isquémicos transitorios con o sin efectos cardiovasculares y/o neurológicos.

LAS COMPROBACIONES CIENTÍFICAS

Las investigaciones y los experimentos sobre el hombre han puesto en evidencia que la toma de ajo entero o crudo, o en forma de esencia, puede determinar un incremento importante de la acción fibrinolítica (disolución de los trombos formados en las arterias o en las venas), especialmente en la fase inicial del tratamiento. En lo que concierne a la disminución del colesterol y de los triglicéridos hemáticos, los resultados varían todavía entre positividad y negatividad. Esta incertidumbre puede depender de experimentos no acabados, de las condiciones clínicas, de la diversidad de las dosis, de la utilización de diferentes preparados (ajo puro, fresco, seco o alterado). Al ajo se le reconoce un papel importante en la prevención de la enfermedad aterosclerótica y arteriosclerótica, además de la curación en la insuficiencia venosa y capilar. Aunque la ausencia de toxicidad, aguda y crónica, esté ya ampliamente demostrada, se admite de todas formas la posibilidad de efectos secundarios (molestias) digestivos en los sujetos que generalmente sufren de hiperclorhidria y de gastritis con tendencia a úlceras. Externamente, se ha confirmado el efecto necrotizante, ya conocido en la medicina tradicional popular, sobre callos, juanetes y verrugas.

EFECTOS Y CONTRA- INDICACIONES

ACCIÓN ANTIBACTERIANA Y MUCOLÍTICA SOBRE LAS VÍAS RESPIRATORIAS

La acción antibacteriana del ajo es debida a la presencia de aliína, sustancia inodora que, bajo la acción de la enzima alinasa, libera el compuesto alicina, de fuerte y característico olor. Aunque

no tenga la misma eficacia de un antibiótico convencional de síntesis química, el ajo puede ser válidamente empleado como soporte en las infecciones crónicas. De todas maneras, el ajo ha demostrado una particular utilidad en las infecciones fúngicas, causadas por *Candida albicans*, sobre las mucosas y el cutis. La acción mucolítica sobre las vías respiratorias traqueales, bronquiales y pulmonares se debe a las diferentes sustancias balsámicas y aromáticas, antisépticas y expectorantes presentes en el ajo. Se desarrolla en la mucosidad bronquial, producida por las células de la mucosa respiratoria como natural reacción defensiva contra los agentes irritantes, infecciosos e inflamatorios. En caso de fuerte irritación de la mucosa respiratoria, la mucosidad producida por las células se vuelve tan abundante, densa y viscosa que no puede ser eliminada sólo con la tos. La acción mucolítica de las sustancias contenidas en el ajo permite en este caso una satisfactoria expectoración catarral.

ACCIÓN ESTIMULANTE Y REGULADORA SOBRE EL TUBO DIGESTIVO

El ajo actúa de estimulante del apetito y combate la atonía de la mucosa digestiva.

Incluso alimentos mucilaginosos y viscosos, de difícil elaboración por parte de los jugos gástricos, se digieren más fácilmente si se aliñan con ajo. Purgante y colerético, el ajo estimula el vaciado de la vesícula biliar, con la consiguiente intervención óptima de los factores biliares. En cuanto carminativo, cura y elimina la aerocolia, el meteorismo y la flatulencia, y favorece la expulsión de los gases intestinales.

Además, regula las funciones generales del intestino, ya que genera una acción calmante y antidiarreica.

Todas estas virtudes, asociadas a las desinfectantes y antisépticas, ayudan en el tratamiento de las molestias causadas por una flora patógena intestinal anormal por características y concentración. Se puede recordar, finalmente, una acción decisiva contra los parásitos que infestan el intestino de niños y adultos (oxiuros, tenia, ascárides), confirmando lo que los médicos de la Antigüedad, desde Hipócrates hasta Dioscórides y Galeno, ya atribuían al ajo gracias a sus propiedades antisépticas y vermífugas.

ACCIÓN ANTIDEGENERATIVA Y ANTINEOPLÁSICA

Recientes investigaciones epidemiológicas han demostrado que en las poblaciones en las que se hace abundante utilización de ajo, la incidencia de neoplasias gástricas resulta notablemente reducida. Obviamente, esto no significa que el ajo tenga un específico poder inmunizante en relación con el cáncer, sobre cuyo origen y naturaleza queda todavía mucho por demostrar.

De todas formas, gracias a su función depurativa, drenante y de regulación estructural, el ajo contribuye sin duda a fortalecer tejidos, órganos y aparatos, protegiéndolos contra una posible degeneración neoplásica.

La hipótesis actualmente más acreditada es que algunas sustancias contenidas en esta planta pueden potenciar la actividad de un tipo particular de células encargadas de la defensa orgánica: se trata de los linfocitos *killer*, que neutralizan las células degeneradas y neoplásicas, o sea, todo lo que no reconocen como compatible con la salud y la supervivencia del organismo.

Está claro, de todas formas, que el ajo, interviniendo directamente contra los agentes bacterianos, virales, fungiformes, parasitarios etcétera, muestra poseer una clara función inmunizante en relación con los agentes dañinos.

CONTRAINDICA-CIONES

La ingestión de ajo por vía oral no se aconseja a los sujetos afectados por dermatosis, pitiriasis, psoriasis y otras enfermedades de la piel con desarrollo crónico. En estos casos, su fuerte acción necrotizante puede ser aprovechada con resultados mejores a través de la administración por vía externa, que puede hacerse:

- con aplicaciones sobre el cutis, para eliminar callos y verrugas;
- con masajes orientados a devolver energía y tono a los músculos y a la sensibilidad sensorial y neuromuscular.

El ajo también está contraindicado en pacientes con enfermedades gastrointestinales ulcerativas y crónicas, y en las congestiones pulmonares con fiebre y tos sangrienta o seca y fuerte.

La ingestión de ajo está contraindicada en la mujer que amamanta, ya que la leche resultaría alterada y podría provocar cólicos en el bebé.

UNA BUENA NORMA: AJO CRUDO Y FRESCO

Como ya se ha dicho en la introducción, para poder desarrollar al máximo sus propiedades, el ajo tendría que consumirse crudo. Esta perspectiva no gusta en general a causa del problema de la halitosis.

Si «las repeticiones» de ajo son insoportables incluso recurriendo a los métodos ya propuestos (dientes frescos machacados con aceite y perejil o enrollados en galletas), o adoptando algunos métodos clásicos como masticar unas hojas de perejil o unos granos de comino o de café, hoy día tenemos la posibilidad de beneficiarnos del ajo sin sus desagradables efectos en el aliento.

En las farmacias se encuentran productos a base de ajo con células intactas, desecado o envejecido, que reducen la halitosis. Es suficiente tomar una o dos píldoras antes de comer, sin masticarlos y con poca agua, para beneficiarse de las propiedades curativas del ajo sin tener que sufrir las consecuencias para el paladar y el estómago.

EL AJO EN LA COCINA

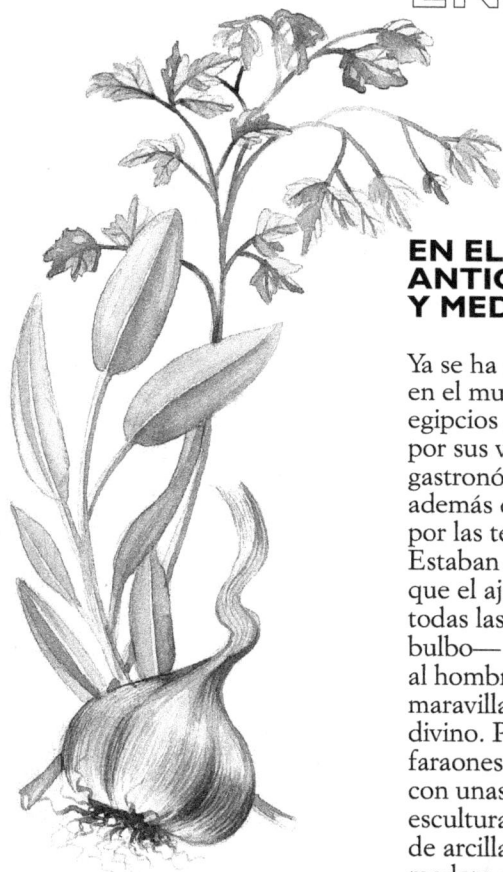

EN EL MUNDO ANTIGUO Y MEDIEVAL

Ya se ha comentado cómo, en el mundo antiguo, los egipcios apreciaban el ajo por sus virtudes gastronómicas además de por las terapéuticas. Estaban convencidos de que el ajo —primero entre todas las plantas de bulbo— ponía en contacto al hombre con las maravillas del mundo divino. Por esta razón los faraones se hacían sepultar con unas pequeñas esculturas de arcilla y de madera que representaban bulbos de ajo, destinadas a alegrar el paladar durante los banquetes ultraterrenos.

Los romanos, que amaban los banquetes más en la tierra que en el cielo, fueron prácticamente los auténticos inventores de la cocina mediterránea, que se difundió luego en todos los continentes.

En Roma, los platos más famosos eran aquellos que se llamaban *estimulantes*, ya que nunca faltaba el aroma atrayente y energético del ajo, con su característico sabor caliente y picante.

Desde entonces ha ido convalidándose la noción del buen comensal que ama la buena cocina y no se sienta a la mesa sólo para comer.

El perfecto comensal es un amante de la naturaleza y de la vida, obviamente incapaz de saborear un primer plato o un segundo si no nota el toque mágico e inconfundible del famoso bulbo aromático.

El interés para el ajo en la cocina ha ido aumentando durante los siglos, hasta entrar en la leyenda como condimento universal. Las normas de la Escuela de Salerno lo colocaron justamente en el primer puesto entre los ingredientes básicos para obtener una buena salsa.

NORMAS DE SALUD DE SALERNO: EL AJO COMO CONDIMENTO UNIVERSAL

«Ajo, salvia, sal, pimiento y vino, siempre acompañados por perejil, si la mezcla no es del todo falsa, te darán siempre una estupenda salsa».

De *Medicina medievale*, Turín, 1972

CÓMO UTILIZAR EL AJO EN COCINA

Las utilizaciones del ajo en gastronomía son muy numerosas.

De hecho, se considera una especie aromática de notable valor culinario: es un factor aromatizante capaz de garantizar sabor en cualquier comida a la que se asocie.

La modalidad más simple y genuina para disfrutar de las propiedades aromáticas del ajo es frotar una fuente con dos medios dientes de ajo, colocando luego verdura aliñada con vinagre. Las cabezas de ajo son excelentes cocidas debajo de la ceniza.

Los dientes triturados no muy finos se pueden mezclar en varios tipos de ensaladas o ponerse encima de la carne asada a la brasa.

El ajo se utiliza frecuentemente en las salsas a base de aceite de oliva, como el ajoaceite, el *pesto* a la genovesa, la salsa de anchoas a la calabresa, la salsa de tomate a la napolitana, la salsa de almejas, etc.

Siempre con el aceite, el ajo no falta en los entrantes, como los mejillones a la marinera o a la napolitana, a pesar de que a menudo se utilice también la mantequilla con cebolla triturada y otros alimentos.

Lo mismo se advierte en las menestras y las sopas, y en las de legumbres, como habas y garbanzos: un diente de ajo entero está siempre presente.

Aceite y ajo constituyen un perfecto condimento también para la carne de ternera a la plancha o cocinada con tomate y queso.

LA COMIDA DE PIE

En esta fórmula adaptada a las necesidades de nuestros días, el plato de base (a menudo el único) puede ser constituido por un buen arroz con ajo y setas o con ajo y cigalas, o con merluza u otro pescado con ajo y perejil, de rápida preparación y presentado con pan tostado o con tostaditas.

AJO CRUDO Y COCIDO: CONSEJOS PRÁCTICOS

- Para que los dientes de ajo resulten menos fuertes e indigestos se tienen que aplastar un poco con la punta de un cuchillo o con la palma de la mano, y no con el exprimeajos que concentra, marcándolo aún más, el sabor del bulbo.
- Si se desea desayunar por la mañana con ajo y leche, se aplastan tres o cuatro dientes de ajo como se ha aconsejado, y se hacen hervir en 250 ml de leche durante cinco minutos. Luego se filtra y se dulcifica con dos cucharadas de miel. Se toma la leche tibia con tostaditas de pan frotadas con ajo.
- Cuando se cocina un alimento con dientes de ajo, es necesario eliminarlos siempre al finalizar la cocción.
- El ajo tiene que cocerse a fuego lento y debe ser eliminado antes de que se vuelva demasiado oscuro y amargo.
- Para apreciar el buen aroma del ajo, se puede sencillamente frotar en el plato, en una fuente, en un cazo o encima de una tostada de pan.
- Cuando se prepara una ensalada, se aconseja frotar con ajo una tostada de pan, mezclarla con la ensalada y luego quitarla.

APLICACIONES TERAPÉUTICAS

NOTA

Un método eficaz para minimizar los inconvenientes del ajo crudo y potenciar sus efectos medicinales es el de asociar a tisanas o tinturas a base de ajo plantas medicinales que, además de tener un efecto aromatizante, desarrollan también una acción terapéutica complementaria. Entre las escogidas para la curación de las molestias descritas aquí, aparecen, entre otras, el anís verde, la alcachofa, la caléndula, el eucalipto, la genciana, la menta piperita, el pino silvestre, el romero, la salvia, el tomillo...

ABSCESO FRÍO

DEFINICIÓN Y SÍNTOMAS

Tumefacción de naturaleza crónica tuberculosa, circunscrita, pálida, que no duele, fluctuante, caracterizada por fenómenos proliferativos conjuntivos; puede ser causada por infecciones micóticas (blastomicosis y esporomicosis) o por bacterias piógenas con virulencia atenuada y, por lo tanto, con escasa producción de pus y preponderancia, en cambio, de fenómenos proliferativos conjuntivos.

El absceso se llama *frío* a causa de la escasez de fenómenos vasales, como calor, enrojecimiento, o dolor, propios del absceso *caliente* o flemón circunscrito, causado por bacterias piógenas que producen inflamaciones purulentas.

ACCIÓN DEL REMEDIO

Antibacteriana, antiinflamatoria.

TERAPIA

APLICACIONES DE ZUMO FRESCO DE AJO

Preparación: *se exprimen unos bulbos de ajo y se vierte el zumo fresco en una compresa de algodón hasta la completa absorción.*

POSOLOGÍA
Se aplica la compresa en el absceso dos veces al día.

ASMA BRONQUIAL

DEFINICIÓN Y SÍNTOMAS

Enfermedad caracterizada por hiperactividad bronquial, disnea paroxística, catarro denso y viscoso, tos persistente y seca, extrema necesidad de aire.

Puede ser causada por alergia a sustancias específicas (polvo, polen, etc.) o a alimentos (fresas, leche, etc.), pero a veces es de origen no alérgico.

ACCIÓN DEL REMEDIO

Antibacteriana, mucolítica, expectorante.

TERAPIA

TINTURA DE AJO FRESCO

Preparación: se limpian 50 g de bulbos de ajo fresco, se cortan en trocitos y se dejan macerar durante diez días en 250 g de alcohol de 60°. Se remueve el contenedor algunas veces al día. Se exprime y se filtra.

POSOLOGÍA
Se empapa un terrón de azúcar con cinco gotas de tintura y se toma en el momento de la crisis asmática.

ATEROSCLEROSIS, ATEROMASIA

DEFINICIÓN Y SÍNTOMAS

Proceso degenerativo que afecta a las arterias y que se caracteriza por lesiones debidas a la formación de placas amarillentas de depósitos de colesterol que pueden incluso provocar la oclusión de la arteria.

Los puntos débiles son la aorta, las coronarias y las arterias de las extremidades.

ACCIÓN DEL REMEDIO

Prevención antiesclerótica y antitrombótica; prevención de la agregación de las plaquetas en la sangre.

TERAPIA

TINTURA DE AJO FRESCO

Preparación: se limpian 100 g de bulbos de ajo fresco, se cortan en trozos y se dejan macerar durante 10 días en 500 g de alcohol de 60°. Se remueve el contenedor varias veces al día. Se exprime y se filtra.

POSOLOGÍA
Se toman veinte gotas dos veces al día.

¡CUIDADO!
Es importante no superar la dosis aconsejada.

DIETA CON APORTACIÓN HABITUAL DE AJO

Es necesario consumir cada día por lo menos dos dientes de ajo crudo. Las ensaladas de verdura son particularmente adecuadas.

NOTA
En las ensaladas es conveniente añadir cebolla para potenciar el efecto antiesclerótico y antitrombótico del ajo.

ATONÍA DIGESTIVA

DEFINICIÓN Y SÍNTOMAS

Cuadro clínico caracterizado por inapetencia, digestión lenta y tendencia al estreñimiento.

ACCIÓN DEL REMEDIO

Digestiva, estimulante del aparato digestivo.

TERAPIA

INFUSIÓN DE AJO Y MENTA PIPERITA

Preparación: *se introducen en un envase de cierre hermético dos dientes de ajo fresco, enteros y sin hojas, y 10 g de hojas secas de menta (Mentha piperita L. folia siccata). Se vierte 1 l de agua hirviendo, se deja en infusión durante 15 minutos y se filtra aplastando los residuos.*

POSOLOGÍA
Se toman cada día, después de comer, 150 ml de infusión.

NOTA
Además de hacer más agradable la infusión, la menta potencia la acción digestiva del ajo.

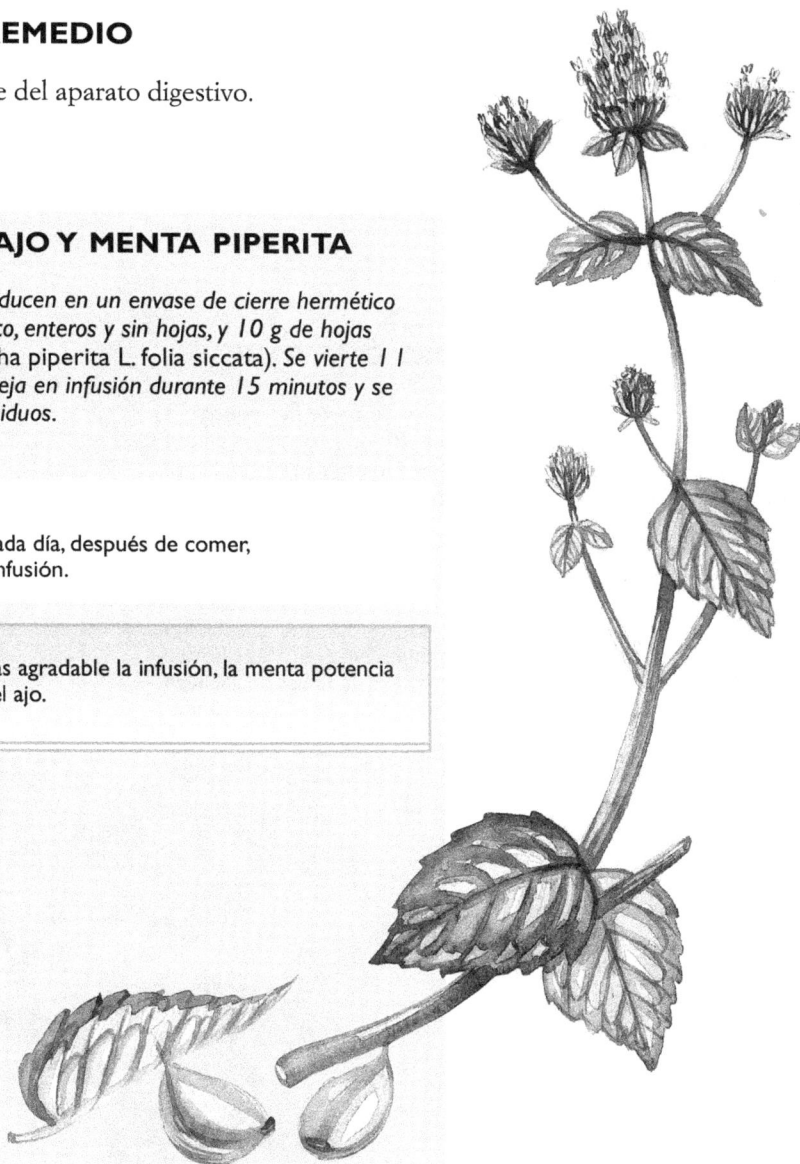

BRONQUITIS CATARRAL AGUDA

DEFINICIÓN Y SÍNTOMAS

Inflamación de los bronquios de origen microbiano o viral o causada por sustancias corpusculares irritantes. Se manifiesta con tos primero seca y después húmeda, con expectoración purulenta, fiebre y otras molestias generales, especialmente en las formas virales, y signos de inflamación en las vías aéreas primarias.

ACCIÓN DEL REMEDIO

Antibacteriana, mucolítica, expectorante.

TERAPIA

INFUSIÓN DE AJO Y PINO SILVESTRE

Preparación: se colocan en un envase de cierre hermético 50 g de dientes de ajo seco y machacado y 30 g de yemas de pino (Pinus silvestris L. turiones); se vierte 1 l de agua hirviendo, se deja en infusión durante 20 minutos y se filtra.

POSOLOGÍA
Se toman 150 ml de infusión caliente cada tres horas, dulcificada (si se desea) con miel de flores de espliego, dotada de propiedades antisépticas y antibacterianas.

NOTA
Las yemas de pino mejoran el sabor de la infusión y potencian la acción mucolítica del ajo.

BRONQUITIS CRÓNICA

DEFINICIÓN Y SÍNTOMAS

Inflamación de los bronquios caracterizada por hipersecreción crónica de la mucosa bronquial, a menudo viscosa y densa, adherente a las paredes, y por tos y expectoración cotidiana, por lo menos tres meses al año y durante por lo menos dos años.

ACCIÓN DEL REMEDIO

Antibacteriana, mucolítica, expectorante.

TERAPIA

TINTURA DE AJO SECO

Preparación: se dejan macerar durante 20 días 100 g de ajo seco y machacado en 600 g de alcohol de 60°. Se remueve el recipiente varias veces al día. Se exprime y se filtra.

POSOLOGÍA
Se toman 15 gotas dos veces al día, hasta que tos y catarro desaparezcan.

CALLOS, DUREZAS

DEFINICIÓN Y SÍNTOMAS

Espesamientos de la capa córnea de la epidermis, a veces extensos (durezas), que se producen en partes sometidas a roces prolongados (planta y dedos de los pies, etc.) y que provocan dolores agudos.

ACCIÓN DEL REMEDIO

Extirpación definitiva de los callos.

TERAPIA

APLICACIÓN DE AJO FRESCO

Por la noche, se aplica al callo o a la dureza una rodajita de ajo y se venda con un paño de lino, protegiendo la parte sana con una tirita.
Se repite cada día la operación hasta eliminar la molestia.

DEBILIDAD NEUROMUSCULAR

DEFINICIÓN Y SÍNTOMAS

Hipotonía y disminución de la fuerza muscular, con hipofuncionamiento del aparato locomotor y alteración o disminución de la sensibilidad muscular.

ACCIÓN DEL REMEDIO

Potenciadora del tono, reguladora de la sensibilidad neuromuscular, elimina las parestesias y el dolor.

TERAPIA

MASAJES CON AJO Y ACEITE ALCANFORADO

Preparación: se mezclan dos partes de aceite alcanforado con una parte de zumo y pulpa de ajo, calculando las dosis según las necesidades.

POSOLOGÍA
Se fricciona dos veces al día a lo largo de la columna vertebral; se sigue el tratamiento durante una semana.

DIFTERIA

DEFINICIÓN Y SÍNTOMAS

Enfermedad infecciosa aguda y contagiosa que afecta a las vías aéreas primarias y se manifiesta con amígdalas rojas y cubiertas por pseudomembranas blanco-amarillentas, disfagia y fiebre.
Hoy día es más rara gracias a la difusión de la vacuna y exige una terapia antibiótica.

ACCIÓN DEL REMEDIO

Antibacteriana.

TERAPIA

TISANA DE AJO Y TOMILLO

Preparación: se ponen en 1 l de agua fría 50 g de ajo seco y machacado y 50 g de hojas de tomillo (Thymus vulgaris L. herba mensurata).
Se hierve durante 2 o 3 minutos, se deja en infusión durante diez minutos más y se filtra.

POSOLOGÍA
Se beben 200 ml de tisana caliente cada tres horas, dulcificándola si se desea con miel de flores de espliego, dotada de propiedades antibacterianas y antisépticas.

NOTA
Además de mejorar el sabor de la tisana, el tomillo, gracias a sus grandes propiedades antisépticas, potencia mucho la acción del ajo.

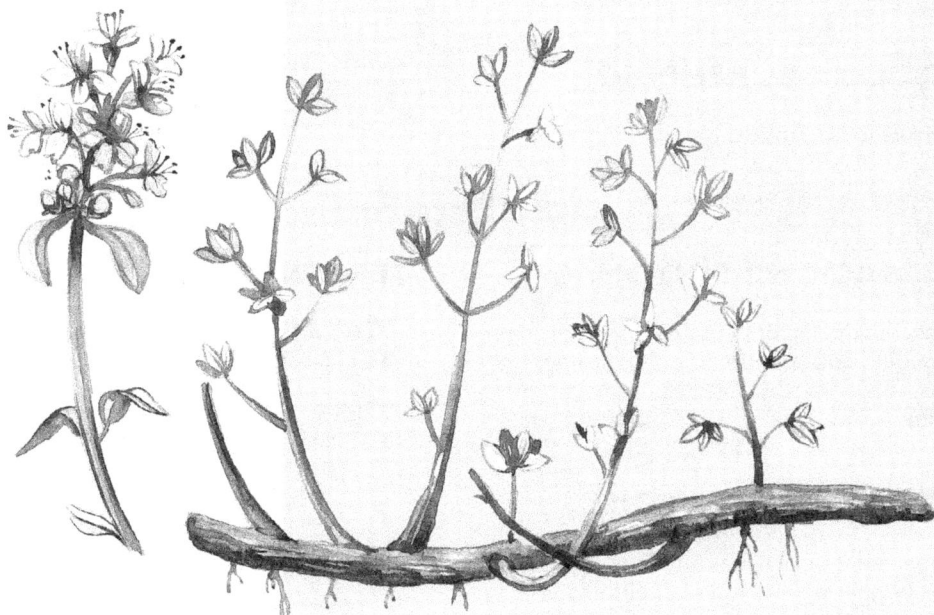

Dispepsia, digestión difícil

DEFINICIÓN Y SÍNTOMAS

Molestia frecuente y fastidiosa que incluso puede volverse insoportable.

La alteración patológica que origina la dificultad de digestión puede estar localizada en el estómago, o por exceso de movimiento y de secreciones (dispepsia hiperesténica, con ardores, acidez, dolor epigástrico o calambres) o por defecto de las mismas (dispepsia hiposténica, con peso epigástrico después de comer, digestión prolongada y difícil, acompañada por lento vaciado gástrico). Se puede localizar también en el intestino delgado, a causa de alteraciones secretorias y motoras del hígado, del páncreas y de las glándulas intestinales.

ACCIÓN DEL REMEDIO

Estimulación gastrohepática.

TERAPIA

INFUSIÓN DE AJO Y MENTA PIPERITA

Preparación: se ponen en un envase con cierre hermético tres dientes de ajo secos y envejecidos y 20 g de hojas secas de menta (Mentha piperita L. folia siccata). Se añade 1 l de agua hirviendo y se deja en infusión durante 15 minutos; luego se filtra prensando los residuos.

POSOLOGÍA
Se toman cada día, después de comer, 200 ml de infusión.

NOTA
Además de hacer la infusión más agradable, la menta piperita potencia la acción digestiva del ajo.

DIURESIS ESCASA, OLIGURIA

DEFINICIÓN Y SÍNTOMAS

Eliminación de una cantidad de orina inferior a la normal debida a una deshidratación del organismo o a afecciones hepáticas, renales y cardiacas.

ACCIÓN DEL REMEDIO

Estimulación general del aparato urinario.

TERAPIA

TINTURA DE AJO Y CEBOLLA ALBARRANA (O ESCILA)

Preparación: en 500 ml de alcohol de 45° se ponen a macerar durante 20 días 100 g de ajo seco y machacado y 100 g de escamas de bulbos de escila (Urginea marítima L. bulbus, squamae pulveratae). Se remueve a menudo el recipiente. Se filtra.

POSOLOGÍA
Se toman 15 gotas dos veces al día.

NOTA
La cebolla albarrana actúa a la vez de cardiotónico y de diurético.
 La tintura puede ser utilizada también en caso de edemas, hemorroides y varices.

ENFERMEDADES INFECCIOSAS

DEFINICIÓN Y SÍNTOMAS

Se considera *enfermedad infecciosa* cualquier estado morboso del organismo que se manifieste con signos de sufrimiento general o local y que sea determinado por microorganismos patógenos (virus, bacterias, hongos, protozoos).

ACCIÓN DEL REMEDIO

Antiséptica, antibacteriana, antiinflamatoria.

TERAPIA

DIETA CON APORTACIÓN HABITUAL DE AJO

Es necesario consumir cada día por lo menos dos dientes de ajo crudo. Las ensaladas de verdura son muy adecuadas para este fin.

INFUSIÓN DE AJO Y CALÉNDULA

Preparación: se ponen en 1 l de agua fría diez dientes de ajo seco y machacado y 60 flores frescas de caléndula (Calendula officinalis L.), se hierve durante 10 minutos y se filtra.

POSOLOGÍA
Se bebe toda la infusión caliente en cuatro veces durante el día y a lo largo de toda la enfermedad.

INFUSIÓN DE AJO Y TOMILLO

Preparación: se ponen en 1 l de agua fría 50 g de ajo seco y machacado y 50 g de hojas de tomillo (Thymus vulgaris L. herba mensurata), se hierve durante dos o tres minutos, se deja en infusión durante diez minutos más y se filtra.

POSOLOGÍA
Se beben 200 ml de infusión caliente cada cuatro horas, después de endulzarla con miel de flores de espliego, antiséptica y antibacteriana.

NOTA
La primera terapia tiene una función sólo preventiva, la segunda se aconseja en los casos leves y la tercera es adecuada para situaciones más graves. De todas formas, se tienen que considerar complementarias al tratamiento oficial.

ENFISEMA PULMONAR

DEFINICIÓN Y SÍNTOMAS

Dilatación de los alveolos pulmonares que puede provocar la formación de grandes burbujas, con disminución de la capacidad respiratoria y de la oxigenación de la sangre.

ACCIÓN DEL REMEDIO

Antibacteriana, mucolítica, expectorante.

TERAPIA

TINTURA DE AJO FRESCO

Preparación: se limpian 50 g de bulbos de ajo fresco, se cortan en trozos pequeños y se dejan macerar durante diez días en 250 g de alcohol de 60°. Se remueve el recipiente algunas veces al día. Se exprime y se filtra.

POSOLOGÍA
Se toman cinco gotas en una cucharadita de miel, o encima de un terrón de azúcar de caña, dos veces al día.

FIEBRE

DEFINICIÓN Y SÍNTOMAS

Aumento patológico y temporal de la temperatura del cuerpo, evidenciado por señales de alteración funcional del centro termorregulador y provocado por causas anormales. Gracias a la actividad del centro termorregulador, la temperatura corporal es bastante estable y en condiciones fisiológicas normales oscila entre los 36,2° y los 37,2°.

ACCIÓN DEL REMEDIO

Antipirética, antiséptica, antibacteriana.

TERAPIA

INFUSIÓN DE AJO Y EUCALIPTO

Preparación: se ponen en 0,5 l de leche cinco dientes de ajo un poco chafados y 20 hojas secas de eucalipto (Eucalyptus globulus L. folia mensurata et concisa et siccata). Se hierve durante cinco minutos, se filtra y se endulza con miel.

POSOLOGÍA
Se toma la infusión dos veces al día, por la mañana y por la noche.

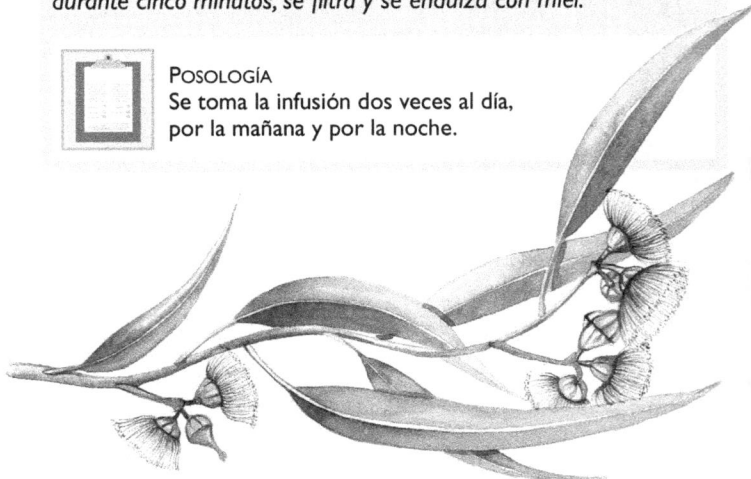

FIEBRE TIFOIDEA

DEFINICIÓN Y SÍNTOMAS

Enfermedad aguda infecciosa contagiosa causada por un germen específico *(Salmonella typhi)*, que penetra en el organismo casi exclusivamente por vía oral para multiplicarse luego en diferentes tejidos (linfonódulos, bazo, hígado etc.). La sintomatología se traduce en fiebre alta, postración, molestias sensoriales y, si no es tratada bien, puede llevar a complicaciones de varios géneros (hemorragias intestinales, flebitis, encefalitis). La profilaxis se basa en la vacuna antitifoidea; la terapia específica exige la utilización de antibióticos.

ACCIÓN DEL REMEDIO

Antipirética, antiséptica, antibacteriana.

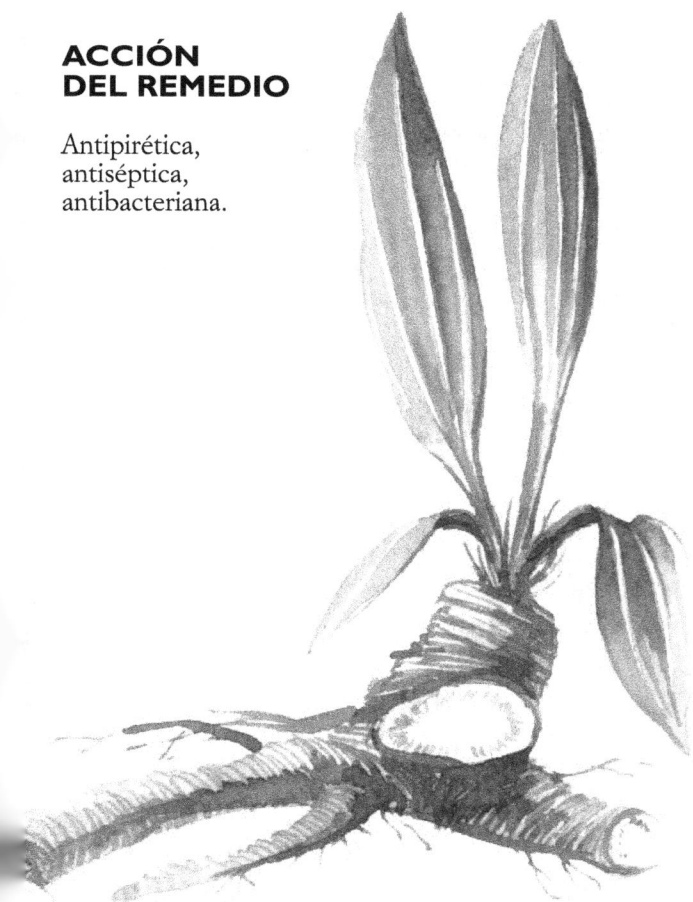

TERAPIA

INFUSIÓN DE AJO Y GENCIANA

Preparación: se ponen en 1 l de agua fría 8 dientes de ajo un poco machacados y 20 g de raíz de genciana (Gentiana lutea L. radix mensurata). Se hierve durante 25 minutos, se filtra y se endulza con miel.

POSOLOGÍA
Se toma la infusión cuatro o cinco veces durante el día.

FLATULENCIA, METEORISMO, AEROCOLIA

DEFINICIÓN Y SÍNTOMAS

Excesiva producción de gas en el tubo digestivo, causada por diferentes disfunciones o alteraciones y acompañada sobre todo por una impresión de tensión abdominal.

ACCIÓN DEL REMEDIO

Antiséptica, antibacteriana, reguladora, carminativa.

TERAPIA

INFUSIÓN DE AJO, MILENRAMA Y ANÍS VERDE

Preparación: se ponen en un 1 l de agua fría ocho dientes de ajo un poco machacados, 30 g de flores secas de milenrama (Achillea millefolium L. summitates floreales) y 20 g de semillas de anís verde (Pimpinella anisum L. fructus siccatus et mensuratus). Se hierve a fuego lento durante cinco minutos, se deja en infusión 15 minutos más y, finalmente, se filtra con tela o papel.

POSOLOGÍA
Se toman cada día, después de comer, 200 ml de infusión caliente, después de endulzarla con miel de flores de espliego, antiinflamatoria y bactericida, o de diente de león, regulador intestinal.

NOTA
La milenrama se utiliza como carminativo (favorece la expulsión de los gases intestinales) y el anís como aromático y antiespástico.

GOTA, HIPERURICEMIA

DEFINICIÓN Y SÍNTOMAS

Desorden metabólico relacionado con el aumento de la biosíntesis endógena de ácido úrico y/o con la excreción renal escasa. El exceso de ácido úrico causa ataques de artritis, deposición articular y extrarticular de uratos y formación de cálculos.

ACCIÓN DEL REMEDIO

Depurativa, diurética, antigotosa.

TERAPIA

TINTURA DE AJO, PINO SILVESTRE Y LIMÓN

Preparación: se vierten 800 g de alcohol de 60° en un envase con cierre hermético y se ponen a macerar durante 20 días aproximadamente 150 g de ajo seco y ligeramente machacado (sin escamas foliáceas), 100 g de yemas de pino desecadas (Pinus silvestris L. turiones) y 150 g de corteza de limón desecada. Se remueve el recipiente por lo menos una vez al día. Se cuela, se exprime el residuo y se filtra. Se conserva en una botella con cierre hermético.

POSOLOGÍA
Se toman 20 gotas dos veces al día; hay que continuar durante un mes, dejar la terapia durante una semana e iniciar otra vez la cura.

NOTA
Las yemas de pino y la corteza de limón desecada mejoran el gusto de la tintura y potencian la acción antigotosa del ajo. Es importante seguir la posología indicada.

CATAPLASMAS DE PULPA DE AJO

Se aplastan y se exprimen algunos dientes de ajo hasta lograr una cantidad suficiente de pulpa, para extenderla luego encima de un paño bien caliente. Se aplica la cataplasma encima de la parte dolorida.

EFECTOS TERAPÉUTICOS
Este tipo de aplicación contribuye a aliviar cualquier dolor gotoso, artrítico y reumático.

GRIPE

DEFINICIÓN Y SÍNTOMAS

Enfermedad infecciosa contagiosa aguda viral que se manifiesta con flogosis de las vías aéreas y síntomas generales que prevalecen en ausencia de complicaciones: malestar general, impresión de cansancio, artralgias difundidas, cefalea más o menos fuerte, fotofobia y un tipo de fiebre con decurso casi siempre continuo y con habituales subidas al atardecer. La duración es de tres a cinco días; después la fiebre se resuelve por lisis. Son posibles complicaciones en el aparato digestivo, cardiovascular y neurológico. La broncopulmonía representa la complicación más grave, especialmente en las personas mayores.

ACCIÓN DEL REMEDIO

Antipirética, antiséptica, antibacteriana.

TERAPIA

INFUSIÓN DE AJO Y CALÉNDULA

Preparación: *se ponen en 1 l de agua fría diez dientes de ajo seco y machacado y 60 g de flores frescas de caléndula* (Calendula officinalis L.). *Se hierve durante 10 minutos, se filtra y se endulza con miel.*

POSOLOGÍA
Se toma la infusión caliente cuatro veces al día, durante todo el decurso de la enfermedad.

NOTA
Las flores de caléndula favorecen la sudoración y desarrollan una acción sinérgica antigripal.

HERIDAS, LLAGAS, ÚLCERAS

DEFINICIÓN Y SÍNTOMAS

Lesiones más o menos superficiales o profundas, que pueden preocupar por posibles infecciones u otras complicaciones.

ACCIÓN DEL REMEDIO

Desinfectante, cicatrizante.

TERAPIA

COMPRESAS DE VINAGRE Y AJO

Preparación: *se trituran 30 g de ajo seco y envejecido limpio y se ponen a macerar durante diez días en 0,5 l de vinagre de vino. Se filtra aplastando los residuos y se conserva el desinfectante en una botella herméticamente cerrada.*

POSOLOGÍA
Se aplica localmente dos veces al día una compresa empapada de vinagre de ajo.

HIPERCOLESTEROLEMIA

DEFINICIÓN Y SÍNTOMAS

Exceso de colesterol en la sangre que puede determinar la formación de varias enfermedades, particularmente del sistema cardiocirculatorio.

ACCIÓN DEL REMEDIO

Hipolipidemizante, hipocolesterolemizante; disminución del colesterol LDL en favor del colesterol HDL.

TERAPIA

TINTURA DE AJO Y ALCACHOFA

Preparación: se limpian 150 g de bulbos de ajo fresco, se cortan en trozos y se dejan macerar durante diez días en 500 g de alcohol de 60° con 50 g de hojas de alcachofa (Cynara scolymus L.). Se remueve a menudo el recipiente. Se exprime y se filtra.

POSOLOGÍA
Se toman 20 gotas dos veces al día.

NOTA
Además del efecto aromático, la alcachofa desarrolla una acción colerética (estimula la secreción de la bilis). Es importante seguir la posología indicada.

HIPERTENSIÓN ARTERIAL

DEFINICIÓN Y SÍNTOMAS

Elevación permanente de la presión arterial más allá de los límites medios. Aunque no exista una línea clara entre presión arterial normal y anormal, en el caso de un adulto se consideran generalmente deseables, o «normales», valores no superiores a 90 mmHg para la presión diastólica y a 140 mmHg para la presión sistólica.

ACCIÓN DEL REMEDIO

Hipotensiva, diurética.

TERAPIA

TINTURA DE AJO Y OLIVO

Preparación: se limpian 150 g de bulbos de ajo seco y envejecido, se cortan en trozos y se dejan macerar durante diez días en 600 g de alcohol de 60° con 100 g de hojas frescas de olivo (Olea europaea L.). Se remueve a menudo el recipiente. Se exprime y se filtra.

POSOLOGÍA
Se toman 15 gotas dos veces al día.

INFUSIÓN DE AJO, MENTA PIPERITA Y ANÍS VERDE

Preparación: en un envase con cierre hermético, se ponen dos dientes de ajo fresco limpio, 10 g de hojas secas de menta (Mentha piperita) y 20 g de semillas de anís verde (Pimpinella anisum). Se vierte 1 l de agua hirviendo, se deja en infusión durante 15 minutos, se filtra y se endulza con miel.

POSOLOGÍA
Se toman cada día, después de comer, 200 ml de infusión.

LITIASIS URINARIA

DEFINICIÓN Y SÍNTOMAS

Formación de piedras en las vías urinarias debido a excesiva concentración en la orina de determinadas sustancias (ácidos úrico y oxálico, fosfatos, etc.). Puede provocar manifestaciones dolorosas, o cólicos, caracterizados por dolor agudo e inesperado, fiebre y síntomas intestinales. A nivel terapéutico es básica una dilución constante de la orina.

ACCIÓN DEL REMEDIO

Diurética y antiséptica.

TERAPIA

TINTURA DE AJO Y ABEDUL BLANCO

Preparación: *en 400 ml de alcohol de 60° se ponen a macerar durante 20 días 100 g de ajo seco y machacado y 100 g de hojas de abedul blanco (Betula alba L. folia concisa). Se remueve a menudo el recipiente. Se filtra.*

POSOLOGÍA
Se toman 15 gotas dos veces al día.

NOTA
El abedul blanco contribuye a potenciar el efecto diurético y antiséptico del ajo.

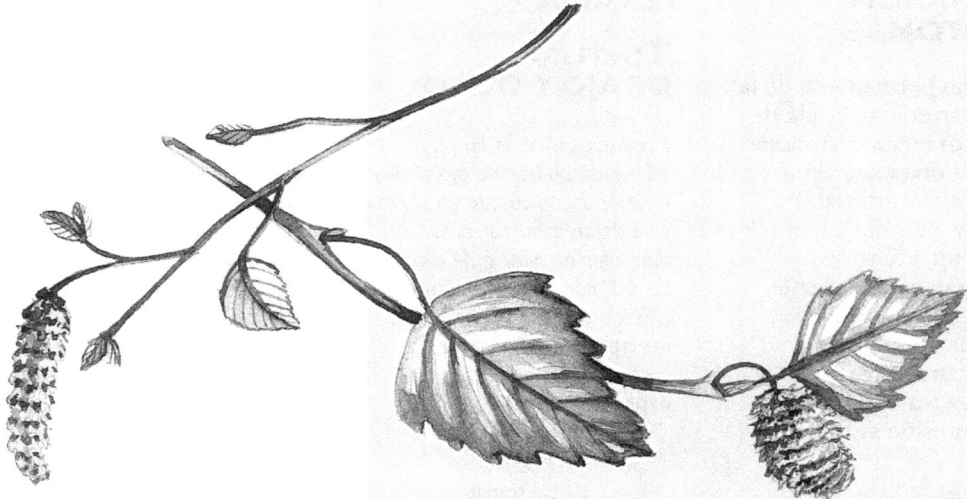

NEURALGIAS REUMÁTICAS ARTICULARES

DEFINICIÓN Y SÍNTOMAS

Dolor agudo y violento que afecta a las vértebras cervicales y lumbares, además de a la articulación del hombro, del codo, de la rodilla, de la cadera, de las manos y de los pies.

ACCIÓN DEL REMEDIO

Antineurálgica, antirreumática, antipirética.

TERAPIA

TINTURA DE AJO, EUCALIPTO Y SAUCE

Preparación: se limpian 150 g de dientes de ajo seco y se machacan un poco; se trocean 100 g de hojas de eucalipto (Eucalyptus globulus L. folia mensurata et concisa et siccata) y 100 g de corteza de sauce blanco o rojo (Salix alba o purpurea L. cortex contusa). Se ponen los ingredientes en 700 g de alcohol de 80°, utilizando un envase con cierre hermético, y se dejan macerar durante diez días, removiendo el recipiente por lo menos una vez al día. Se cuela, se exprimen los residuos y se filtra. Se conserva en una botella con cierre hermético.

POSOLOGÍA
Se toman diez gotas tres veces al día hasta la desaparición del dolor.

NOTA
La corteza de sauce desarrolla una acción global antineurálgica, antirreumática, antipirética y sedante nerviosa; el eucalipto, además de tener un efecto aromático, potencia la eficacia antiséptica del ajo.

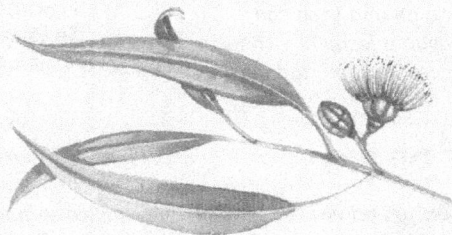

CATAPLASMA DE PULPA DE AJO

Se aplastan y se exprimen algunos dientes de ajo hasta obtener una cantidad suficiente de pulpa, para extender luego encima de un paño de lana caliente.
Se aplica el cataplasma encima de la parte que duele.

PARÁSITOS INTESTINALES

DEFINICIÓN Y SÍNTOMAS

Gusanos (ascárides, oxiuros, tenia o solitaria etc.) que crecen en el intestino humano provocando molestias que varían según la especie parasitaria.

Síntomas más frecuentes: dolores abdominales, náuseas, jaqueca, prurito anal y signos de inflamación catarral de la mucosa intestinal.

ACCIÓN DEL REMEDIO

Desinfectante.

PAPILLA DE AJO

Preparación: se rallan tres dientes de ajo en una taza con 200 ml de agua o leche hirviendo. Se deja macerar durante toda la noche.

JARABE DE AJO

Preparación: en un envase con cierre hermético se ponen 50 g de dientes de ajo seco aplastado y la cáscara (sólo la parte amarilla) de un limón. Se añade 1 l de agua hirviendo, se deja en infusión durante una hora, se cuela y se filtra con tela o papel. Se añade a la infusión 1 kg de azúcar, removiendo hasta su total disolución.

POSOLOGÍA
Se beben cada mañana en ayunas 45 g de jarabe (tres cucharadas soperas).

TERAPIA

INFUSIÓN DE AJO Y LECHE

Preparación: por la mañana, se rallan los dientes de un bulbo grande de ajo en 250 ml de leche y se hierven durante 20 minutos.

POSOLOGÍA
Se bebe en ayunas, después de endulzar con miel de flores de diente de león, reguladora intestinal. No se debe tomar otros alimentos hasta el mediodía. Se continúa la cura cotidiana hasta expulsión del gusano.

ZUMO DE AJO Y LECHE TIBIA

Preparación: se exprimen 20 g de zumo de ajo en 200 ml de leche tibia.

POSOLOGÍA
Se bebe en ayunas, después de endulzar con miel de flores de diente de león, reguladora intestinal. Se sigue la cura hasta expulsión del gusano.

POSOLOGÍA
Se toma la papilla por la mañana en ayunas, continuando la cura durante tres semanas.

NOTA
La primera terapia está indicada en presencia de la solitaria o tenia; las otras están aconsejadas para la curación de helmintos y oxiuros.

PARÁSITOS INTESTINALES EN LOS NIÑOS

DEFINICIÓN Y SÍNTOMAS

Gusanos (ascárides, oxiuros, tenia o lombriz solitaria, etc.) que crecen en el intestino humano provocando molestias que varían según la especie parasitaria. Síntomas más frecuentes: dolores abdominales, náuseas, jaqueca, prurito anal y signos de inflamación catarral de la mucosa intestinal.

ACCIÓN DEL REMEDIO

Desinfectante.

TERAPIA

LAVATIVA CON INFUSIÓN DE AJO

Preparación: en aproximadamente 200 ml de agua hirviendo, se ponen en infusión durante diez minutos dos dientes de ajo antes machacado. Se filtra.

POSOLOGÍA
Se utiliza el líquido tibio para la lavativa utilizando una pera de 60 ml.

INFUSIÓN DE AJO Y LECHE

Preparación: en unos 100 ml de leche hirviendo se ponen en infusión durante cinco minutos dos dientes de ajo seco y ya machacado. Se filtra.

POSOLOGÍA
Se administra la infusión dos veces al día, por la mañana y por la noche, continuando la cura hasta la expulsión de los gusanos.

PAPILLA DE AJO E HIPÉRICO CON PIÑA

Preparación: se rallan dos dientes de ajo fresco en una taza con 200 ml de agua hirviendo. Se añaden 10 g de sumidades de flores de hipérico (Hypericum perforatum L. summitates floreales), conocido también como hierba de San Juan, y se hierve a fuego lento durante cinco minutos. Se deja macerar toda la noche y, por la mañana, se añade el zumo de una piña no muy madura. Se evita endulzar el compuesto.

POSOLOGÍA
Se administran 45 g de papilla (tres cucharadas soperas) cuatro veces al día (mañana, mediodía, tarde y noche), continuando la cura hasta la expulsión de los gusanos.

PREVENCIÓN NEOPLÁSICA

La ciencia tiende a valorar positivamente la posibilidad de utilizar el ajo con finalidad preventiva anticancerígena. Unos resultados prometedores en este sentido se han obtenido en experimentos de laboratorio hechos con ratas y conejos. La acción anticancerígena parece potenciarse con la utilización simultánea de otras plantas medicamentosas, como, por ejemplo, apio, cebolla, ciprés, estragón, geranio, perejil y salvia.

DIETA CON APORTACIÓN HABITUAL DE AJO Y CEBOLLA

Para una eficaz acción preventiva, es necesario consumir cada día por lo menos dos dientes de ajo crudo, al cual va bien asociar también la cebolla, conocida desde la Antigüedad por sus efectos diuréticos, tónicos y antiinflamatorios, y hoy día considerada planta medicamentosa dotada de propiedades antidegenerativas y anticancerígenas.

TINTURA DE AJO Y CEBOLLA

Preparación: se aplastan 100 g de bulbos de ajo fresco y se cortan a trozos 100 g de cebolla fresca. Se ponen a macerar durante diez días en 600 g de alcohol de 60°, añadiendo 50 g de perejil fresco (Petroselinum sativum L.) y 50 g de apio fresco (Apium graveolens L.). Se remueve el recipiente por lo menos una vez al día. Se filtra exprimiendo el residuo.

POSOLOGÍA
Se toman 50 gotas diluidas en medio vaso de agua dos veces al día, antes de comer y cenar.

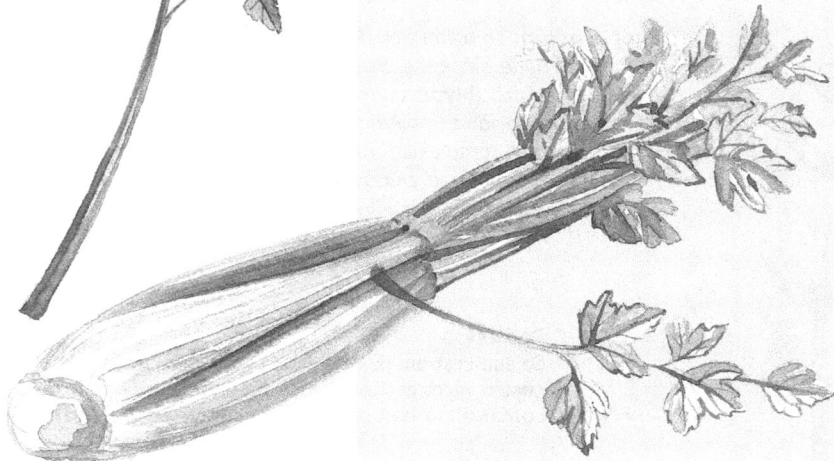

TROMBOSIS, TROMBOARTERITIS, TROMBOFLEBITIS

DEFINICIÓN Y SÍNTOMAS

Por *trombosis* se entiende la formación de masas sólidas, derivadas de compuestos normales de la sangre, en los vasos sanguíneos y en las cavidades cardiacas.

Se llama *tromboarteritis* cuando afecta a los vasos arteriales, y *tromboflebitis* cuando afecta a los vasos venosos.

ACCIÓN DEL REMEDIO

Antitrombótica, antiesclerótica.

TERAPIA

TINTURA DE AJO Y LIMÓN

Preparación: se aplastan 200 g de dientes de ajo seco limpio y se cortan 100 g de cáscara fresca de limón (sólo la parte amarilla). Se ponen a macerar durante 15 días en 600 g de alcohol de 80°, removiendo el contenedor por lo menos una vez al día. Se exprime y se filtra con tela o papel.

POSOLOGÍA
Se toman 15 gotas dos veces al día.

DIETA CON APORTACIÓN HABITUAL DE AJO

Es necesario consumir cada día por lo menos dos dientes de ajo crudo. Las ensaladas de verdura son muy adecuadas para esta finalidad.

NOTA
En las ensaladas se aconseja añadir al ajo la cebolla, que actúa como factor antiesclerótico y antitrombótico, contribuyendo a combatir la hiperviscosidad de la sangre y la modificación en exceso de la masa sanguínea (plétora).

INFUSIÓN DE AJO Y LIMÓN

Preparación: se vierte en un envase con cierre hermético 1 l de agua fría, se añaden cinco dientes de ajo fresco, enteros y limpios, y un limón cortado en rodajas finas. Se hierve a fuego lento durante 15 minutos y, después de retirar el envase, se deja reposar diez minutos más. Se filtra con una tela.

POSOLOGÍA
Se bebe un vaso (100 ml) de infusión dos veces al día, por la mañana y por la noche.

NOTA
Además de tener un efecto aromatizante, el limón es también un excelente remedio contra la hiperviscosidad de la sangre.

LA CEBOLLA

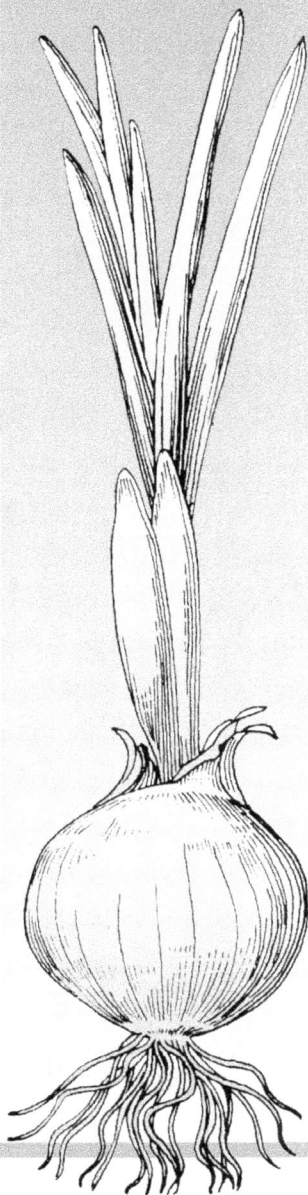

LA CEBOLLA EN EL MUNDO ANTIGUO

Parece ser que la cebolla es originaria de Asia Central u Occidental.

La cebolla era conocida ya por los sumerios en el III milenio a. de C., y se sabe que los egipcios la apreciaban mucho y, con el ajo, la utilizaban de diferentes maneras: cruda, cocida, y para la elaboración de varios tipos de caldo, vino y vinagre.

También los griegos y los romanos se caracterizaron por ser grandes consumidores de cebolla.

Se puede afirmar sin duda que el abundante consumo de cebollas y productos vegetales parecidos, como el ajo y los puerros, ha permanecido inalterado a lo largo de los siglos, sobre todo en el Mediterráneo.

De estos y más testimonios nace la historia perenne de la cebolla como alimento irrenunciable para el hombre.

NORMAS DE SALUD DE SALERNO: ¿A QUIÉN CONVIENE COMER CEBOLLAS ?

«De la saludable obra de las cebollas,
los médicos siempre han querido hablar:
Galeno aseguró que no sientan bien a los biliosos;
pero en los flemáticos el efecto es excelente,
particularmente en el estómago o vientre,
y dan al rostro un bonito color bermejo de salud.
En la calvicie son perfectamente adecuadas:
frotando las partes depiladas y vulgarmente desnudas,
devuelven a la cabeza su nobleza sin duelo».

De *Medicina medievale*, Turín, 1972

LA CEBOLLA EN LA MEDICINA POPULAR

En los siglos pasados, la cebolla ha sido utilizada a menudo, para uso externo y/o interno, en casos de:

- neuralgias, espasmos, dolores reumáticos (acción antiantálgica);
- hiperglucemia, diabetes, glucosuria (acción antidiabética);
- diarrea, disentería (acción antidiarreica);
- caída del cabello, alopecia (acción anticalvicie);
- infecciones, inflamaciones (acción antiinfecciosa y antiséptica);
- formas gripales (acción antigripal);
- escorbuto y síndromes análogos;
- envejecimiento (acción preventiva);
- trombosis;
- problemas en la próstata;
- arteriosclerosis;
- callos, durezas, verrugas;
- enfermedades de las vías respiratorias altas;
- enfermedades y molestias intestinales;
- cálculos biliares, del riñón y de la vejiga;
- hipofuncionalidad renal, oliguria;
- astenia, delgadez, escaso crecimiento;
- edemas, ascitis, pleuritis, pericarditis;
- desequilibrios glandulares;
- parasitosis intestinales (acción vermicida).

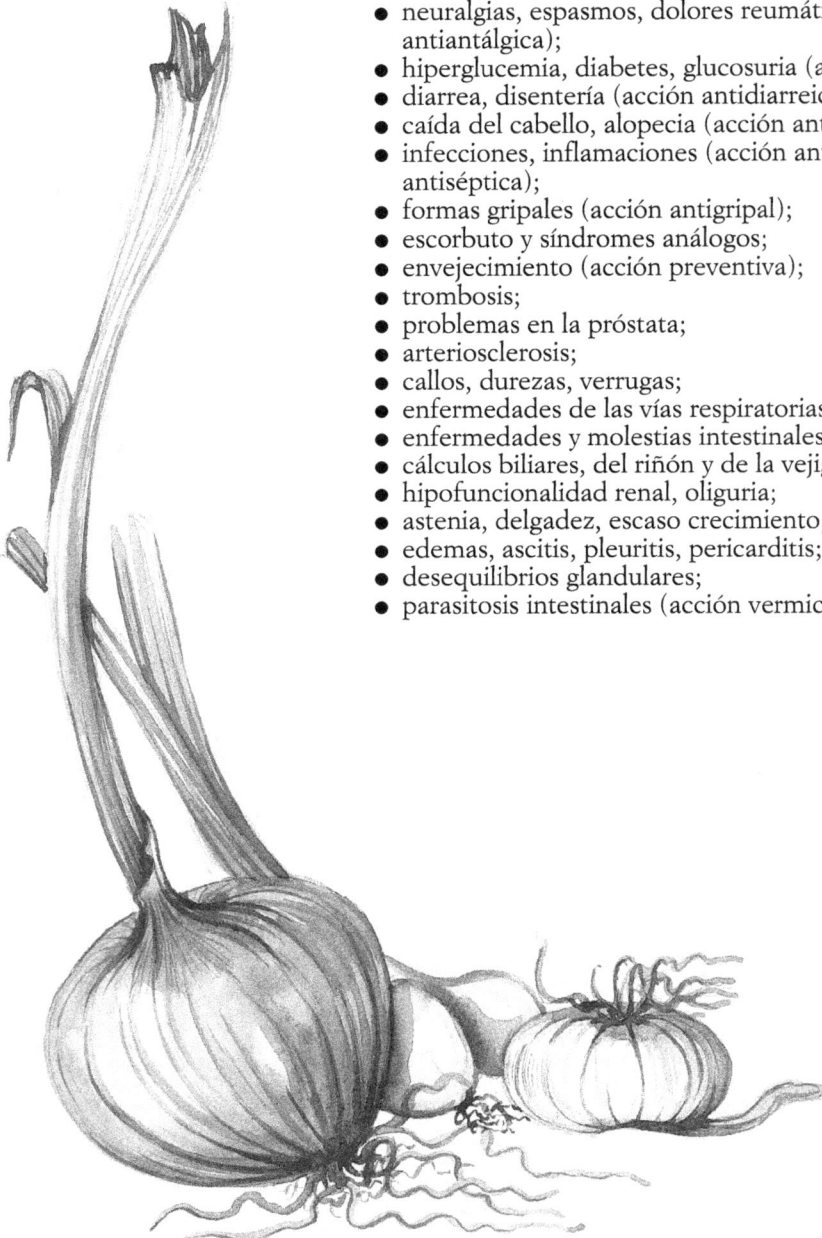

LA INVESTIGACIÓN CIENTÍFICA

ALLIUM CEPA

La cebolla (nombre científico: *Allium cepa*) es una planta herbácea bienal, perteneciente a la familia de las Liliáceas. Originaria de Asia, se cultiva de forma abundante en nuestro país.

El bulbo se recoge entre mayo y agosto, según la variedad.

Las plantas se sacan de la tierra y luego se dejan al aire libre durante algunos días, de manera que las hojas se sequen. Se cuelgan en un lugar protegido y seco. La recogida no se hace nunca después de la floración porque el bulbo se ha vaciado ya de sus principios activos.

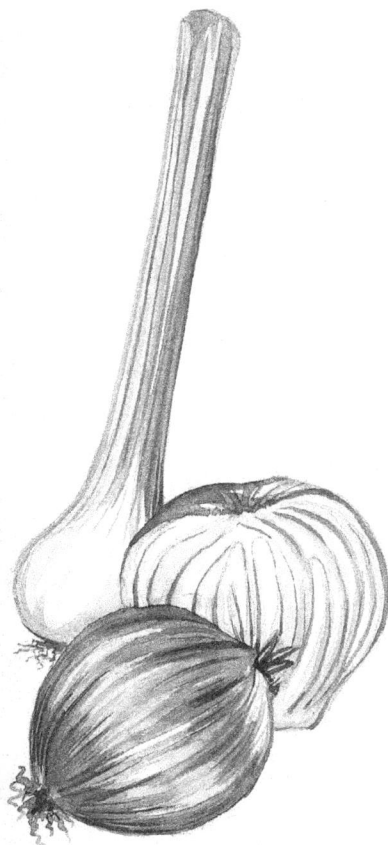

VALORES NUTRICIONALES Y ENERGÉTICOS (por 100 g de materia útil)	
Valor energético	26 kcal
Agua	92,1 g
Proteínas	1 g
Lípidos	0,1 g
Carbohidratos	5,7 g
Fibra alimenticia.	1,1 g
Sodio	10 mg
Potasio.	140 mg
Hierro.	0,4 mg
Calcio.	25 mg
Fósforo	35 mg
Vitamina B_1 (tiamina).	0,02 mg
Vitamina B_2 (riboflavina)	0,03 mg
Vitamina C	5 mg
Vitamina PP.	0,5 mg

Nota: la parte útil representa el 83 % del bulbo.

(fuente: *Tablas de composición de los alimentos*, Instituto Nacional de la Nutrición, Roma, 1997)

LAS PROPIEDADES TERAPÉUTICAS

A diferencia del ajo, la investigación científica de laboratorio dirigida a experimentar los efectos terapéuticos de la cebolla es muy limitada.

Los principios terapéuticamente activos certificados bioquímicamente se superponen a los conocidos con los estudios hechos sobre el ajo. En la cebolla se ha confirmado la presencia de compuestos alílicos, sulfurados, disulfuros, fructosanos y biflavonoides.

El efecto terapéutico general y específico de la cebolla está, pues, relacionado con su peculiar estructura biofisiológica, o sea, con la aportación de sustancias que participan activamente a los procesos bioquímicos del organismo:

- sales minerales;
- fosfatos y nitratos cálcicos;
- ácidos fosfórico y acético;
- sulfuro de alilo y de propilo;
- aceite esencial;
- glucoquinino;
- aminoácidos;
- oxidasas y diastasas.

LAS PRUEBAS CIENTÍFICAS

Los experimentos clínicos hechos hasta ahora han confirmado totalmente que la cebolla posee las siguientes propiedades:

- depurativas y regeneradoras de las células sanguíneas y linfáticas;
- equilibrantes de la estructura ósea;
- antibacterianas y antisépticas en las enfermedades de las vías respiratorias y del tubo digestivo, especialmente en el colon;
- estimulantes de la función renal y de la vejiga;
- estimulantes de la función hepatobiliar y pancreática, en cuanto factor colerético y colagogo (que favorece la secreción y la excreción de la bilis) y como factor hipoglucémico.

LA CEBOLLA EN LA COCINA

Ajo, cebolla, pan, aceite de oliva, hierbas y hortalizas han representado a lo largo de los siglos la comida básica, si no del todo exclusiva, del mundo y de la sociedad campesina.

Aún más que el ajo, la cebolla se deja cocinar de muchas maneras diferentes.

Sobre todo si es dulce, se puede saborear cruda en ensaladas o en pebrada con aceite, o utilizada en la elaboración de conservas de verduras en vinagre.

Las modalidades de cocción son muchas y ofrecen una infinidad de ideas para la elaboración de platos sabrosos y saludables. Las cebollas, de hecho, se pueden hervir enteras, cocerse al horno, a la cazuela o en agridulce, freírse, rellenarse, gratinarse…

Constituyen una guarnición perfecta en platos a base de carne, pescado y huevos, además de ser un excelente ingrediente en pasteles salados, y pueden ser un gustoso segundo plato, junto con verduras y hortalizas, legumbres y cereales.

LA CEBOLLA EN ENSALADA

En las ensaladas, la cebolla es un alimento apetitoso, refrescante y emoliente.

Además de tener propiedades hipotensivas y antisépticas, activa la diuresis, estimula la vejiga biliar y regula las funciones intestinales. Posee una buena provisión de sales minerales pero, en relación con el ajo, la aportación vitamínica es cuantitativamente escasa.

Un consejo válido para atenuar el sabor acre y no tolerado por todos de las cebollas es el de sumergirlas en agua fresca durante cinco minutos antes de proceder a la elaboración.

La cebolla se considera como la reina de los sofritos españoles, y no puede faltar en las sopas y las menestras. Las calidades más conocidas y utilizadas son, entre otras, la blanca y la roja, y la cebolleta.

CÓMO PELAR, RALLAR, HACER PAPILLA CON LAS CEBOLLAS

Para reducir el lagrimeo, es necesario pelar los bulbos con un cuchillo mojado o, mejor aún, debajo del agua corriente. Se pueden también poner en agua hirviendo durante uno o dos minutos.

Para rallar una cebolla, es necesario antes partirla por la mitad, colocándola luego con la parte plana encima de un picador de madera. Utilizando un cuchillo pequeño, se hacen muchos cortes pequeños verticales y paralelos en el sentido de la altura del bulbo, sin llegar al corazón de la cebolla para que no se parta. Se repite la operación en el otro sentido de manera que se saquen muchos cubitos. La parte central que ha quedado entera se debe rallar al final.

Para hacer una papilla de cebolla, se corta en trozos que se machacan después en un mortero de madera.

APLICACIONES TERAPÉUTICAS

ABSCESO CALIENTE

DEFINICIÓN Y SÍNTOMAS

Acumulación de pus en una cavidad accidental formada por necrosis y colicuación (fluidificación causada por procesos degenerativos) de los tejidos circunstantes; es provocada por bacterias virulentas y se asocia a enrojecimiento, calor y dolor.

ACCIÓN DEL REMEDIO

Antiséptica, revulsiva, cicatrizante.

TERAPIA

COMPRESAS DE ZUMO DE CEBOLLA

Preparación: *se mezclan 50 g de harina vegetal con zumo fresco de cebolla, obtenido machacando un bulbo en un mortero de madera. Resultará una mezcla blanda para aplicar en frío con una gasa de algodón encima del absceso. Como alternativa, se machaca el bulbo de cebolla con la palma de la mano, se enrolla en un paño y se procede a la aplicación.*

POSOLOGÍA
Se repite la aplicación dos veces al día.

ASTENIA, DIFICULTAD DE CRECIMIENTO, ENFLAQUECIMIENTO

DEFINICIÓN Y SÍNTOMAS

Cuadro morboso caracterizado por agotamiento frecuente, desgana, distracción, disminución de peso, raquitismo, flaqueza ósea y muscular.

ACCIÓN DEL REMEDIO

Estimulante, tónica, anabolizante natural.

TERAPIA

CURA DE ZUMO FRESCO DE CEBOLLA

Preparación: *cada día, por la mañana, se trocean 200 g de bulbos de cebolla fresca limpios y se licúan.*

POSOLOGÍA
Se bebe el zumo justo antes de la comida y de la cena. Se continúa la cura durante dos o tres meses.

ATEROSCLEROSIS, ATEROMASIA

DEFINICIÓN Y SÍNTOMAS

Proceso degenerativo de las arterias caracterizado por lesiones debidas a formación, en la capa interna, de placas amarillentas de depósitos de colesterol que pueden incluso provocar el cierre de la arteria.
Los puntos más vulnerables son la aorta, las coronarias y las arterias de las extremidades.

ACCIÓN DEL REMEDIO

Prevención antiesclerótica; prevención de la vejez; regulación del metabolismo en general.

TERAPIA

ACEITE AROMÁTICO DE CEBOLLA

Preparación: se cortan en lonchas 100 g de bulbos de cebolla cruda limpia y se dejan macerar durante algunas horas en 100 g (cinco cucharadas soperas) de aceite de oliva extra virgen.
Uso: se añade este preparado a entremeses, verduras crudas, ensaladas y menestras.

> **NOTA**
> Si se consume regularmente, la cebolla cruda contribuye a hacer elásticas las arterias ya que contiene silicio. Con el aceite de oliva, es aceptable incluso para quienes no soportan su sabor.
> En las ensaladas está bien añadir ajo, que potencia el efecto antiesclerótico y antitrombótico de la cebolla.

INFUSIÓN DE CEBOLLA, SEMILLAS DE HINOJO Y GUINDO

Preparación: se rallan bien 300 g de bulbos de cebolla y se colocan en un envase con cierre hermético; se añaden 30 g de semillas de hinojo (Foeniculum vulgare dulce Mill. fructus siccatus) y 50 g de tallos de guindo (Prunus cerasus L. pediculi fructus); se vierte 1 l de agua hirviendo.
Se deja en infusión durante 15 minutos y se filtra aplastando el residuo.

> **POSOLOGÍA**
> Se beben cada día, después de comer, 200 ml de infusión, después de endulzar con miel de flores de girasol, que normaliza el nivel sanguíneo del colesterol protegiendo las arterias.

> **NOTA**
> Las semillas de hinojo son digestivas y carminativas, mientras que el guindo desarrolla una acción diurética.

BRONQUITIS, RESFRIADO, TOS

DEFINICIÓN Y SÍNTOMAS

La *bronquitis* es una inflamación de los bronquios de origen microbiano o viral, o causada por sustancias pulverizadas irritantes. Se manifiesta con tos primero seca y después húmeda con expectoración purulenta, fiebre y otras molestias generales, sobre todo en las formas víricas, y signos de inflamación en las vías aéreas primarias.

El *resfriado* es una enfermedad respiratoria aguda local, caracterizada por ausencia de fiebre, sequedad nasal y epifaríngea, estornudos frecuentes, lagrimeo, moderada jaqueca con pesadez y aturdimiento o astenia.

ACCIÓN DEL REMEDIO

Antibacteriana, mucolítica, expectorante.

TERAPIA

INFUSIÓN DE CEBOLLA CON MIEL

Preparación: se rallan 100 g de cebollas y se hierven durante 10 minutos en 500 g de leche entera. No hay que filtrar.

POSOLOGÍA
Se bebe la infusión dos veces, por la mañana en ayunas y por la noche antes de acostarse, endulzándola preferentemente con miel de flores de espliego, dotada de propiedades antibacterianas.

JARABE DE CEBOLLA CON MIEL

Preparación: se cortan finamente dos cebollas crudas, se ponen en un plato hondo y se aplastan para exprimir el zumo. Se salpican con una capa de miel de flores de cítricos o de espliego o de abedul (melaza), se cubren con otra capa de cebolla y una de miel, siguiendo así hasta que se acabe la cebolla.

Se deja reposar durante 24 horas en un lugar fresco, y se vierte el compuesto en un envase de vidrio.

POSOLOGÍA
Se toman dos o tres cucharaditas en caso de resfriado y otras molestias de las vías respiratorias.

CAÍDA DEL CABELLO, ALOPECIA

DEFINICIÓN Y SÍNTOMAS

Caída progresiva del cabello debida a causas patológicas o físicas, limitada o difundida, que puede estar asociada a atrofia del folículo piloso.

ACCIÓN DEL REMEDIO

Depurativa, estimulante del cuero cabelludo.

TERAPIA

MASAJES CON TINTURA DE CEBOLLA Y BARDANA

Preparación: se rallan 300 g de cebolla y se dejan macerar durante diez días en 1 l de alcohol de 70°, en un envase de vidrio con cierre hermético y expuesto al sol. Se filtra con un paño.
  Se ponen en 0,5 l de agua fría 15 g de raíz de bardana (Arctium lappa L. radix), se hierve durante 20 minutos y se filtra con un paño.
  En frío, se une la infusión de bardana a la cebolla.
  Uso: por la mañana y por la noche antes de acostarse, se masajea el cuero cabelludo durante unos 10 minutos y se aclara con agua. La terapia debe continuarse por lo menos tres meses.

INFUSIÓN DE CEBOLLA Y FLORES DE ALCACHOFA

Preparación: en un envase con cierre hermético, se ponen 200 g de bulbos de cebolla rallados y 20 flores secas de alcachofa (Cynara scolymus L. capitolum floreale siccatum); se vierte 1 l de agua hirviendo, se deja en infusión durante 20 minutos, y se filtra aplastando el residuo.

POSOLOGÍA
Se beben cada día, después de las comidas, 200 ml de infusión después de endulzarla con miel de flores de diente de león, reguladora intestinal.
  Se continúa la terapia por lo menos tres meses.

NOTA
La bardana desarrolla una función detergente y cicatrizante, mientras que la alcachofa es un buen depurativo hepatobiliar.

CALLOS, DUREZAS, VERRUGAS

DEFINICIÓN Y SÍNTOMAS

Los *callos* son espesamientos de la capa córnea de la epidermis, a veces extensos *(durezas)*, que se producen en partes sometidas a roces prolongados (planta y dedos de los pies, palma de las manos, etc.) y que pueden provocar dolores agudos. Las *verrugas* son papilas hipertróficas de la dermis, cubiertas por epidermis espesada, que entran en las dermatosis proliferativas de orígenes diversos. Pueden ser planas y oscuras, o presentarse como pequeñas pápulas hiperqueratósicas, hiperqueratósicas circulares, pápulas irregulares y que se descaman. Es necesario asociar una cura desintoxicante para el organismo.

ACCIÓN DEL REMEDIO

Emoliente y revulsiva.

TERAPIA

COMPRESAS DE VINAGRE Y ZUMO DE CEBOLLA

Preparación: se corta finamente una cebolla cruda y se hierve durante cinco minutos en un vaso de vinagre de vino o de manzana. Se deja enfriar y se cuela aplastando la pulpa para extraer todo el zumo. Se recoge el líquido en un botella pequeña.

POSOLOGÍA
Se aplican dos o tres compresas al día en la zona afectada, utilizando algunas tiras de gasa, hasta eliminar la molestia.

CISTITIS, URETRITIS

DEFINICIÓN Y SÍNTOMAS

La *cistitis* es una inflamación de la vejiga urinaria, aguda o crónica, que puede ser provocada por microorganismos, parásitos, sustancias químicas irritantes o estímulos físicos. Se manifiesta con micción frecuente y dolorosa, a veces necesidad constante de orinar durante el descanso nocturno.
   La *uretritis* es una inflamación aguda o crónica de la uretra distal, caracterizada por picor, ardores o dolores agudos durante la micción, contracción involuntaria de uno de los esfínteres, micción frecuente.

ACCIÓN DEL REMEDIO

Antiinflamatoria, bacterioestática, bactericida.

TERAPIA

VINO MEDICAMENTOSO DE CEBOLLA Y MIEL

Preparación: en 1 l de vino blanco seco o licoroso, se dejan macerar unos diez días 300 g de cebolla troceada, agitando el recipiente por lo menos una vez al día. Se filtra con tela o papel, se añaden 100 g de miel de flores de diente de león o de girasol y se remueve bien hasta que estén completamente disueltos. Se guarda en una botella oscura y herméticamente cerrada.

POSOLOGÍA
Se beben dos vasos cada día.

COLON IRRITABLE

DEFINICIÓN Y SÍNTOMAS

Síndrome caracterizado por intestino grueso hipertónico, fermentación intestinal, timpanismo en el ángulo cólico izquierdo, alternancia de estreñimiento y diarrea, espasmos intestinales, defecación irregular.

ACCIÓN DEL REMEDIO

Antiséptica, depurativa, digestiva y sedativa.

TERAPIA

TINTURA DE CEBOLLA, TILO Y ANÍS VERDE

Preparación: se vierte 1 l de alcohol de 60° en un envase con cierre hermético y se añaden 400 g de cebolla rallada fina, 50 g de flores secas de tilo (Tilia chordata Mill. flores siccati) y 20 g de semillas de anís verde (Pimpinella anisum L. fructus siccatus et mensuratus). Se deja macerar durante 10 días, agitando el recipiente por lo menos una vez al día.
Se cuela, se exprime el residuo y se filtra.

POSOLOGÍA
Se bebe un vaso pequeño después de las comidas.

NOTA
El tilo está dotado de propiedades antiespásticas y sedantes, mientras las semillas de anís verde están indicadas en la dispepsia nerviosa y en caso de espasmos del tubo digestivo.

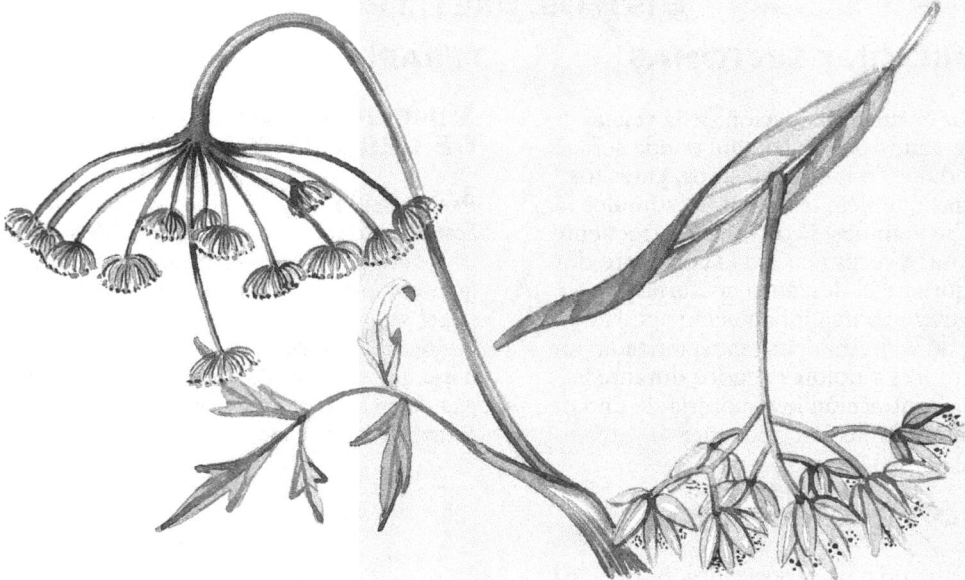

DIARREA, FERMENTACIÓN INTESTINAL

DEFINICIÓN Y SÍNTOMAS

Evacuación de heces líquidas o semilíquidas causada por fermentación intestinal, intoxicación, enteritis, colitis o por particulares estados emocionales (diarrea nerviosa).

ACCIÓN DEL REMEDIO

Antifermentativa, antiespástica, antibacteriana.

TERAPIA

INFUSIÓN DE PIELES DE CEBOLLA Y HOJAS DE NUEZ

Preparación: se vierten en 1 l de agua fría 50 g de pieles de cebolla y 20 g de hojas de nuez (Juglans regia L. folia). Se hierve durante diez minutos, se retira del fuego y se filtra.

POSOLOGÍA
Se toman 100 ml de infusión cada cuatro horas, después de endulzarla con miel de flores de espliego, dotada de propiedades antisépticas y antibacterianas.

EFECTOS TERAPÉUTICOS
Esta infusión contribuye a reducir las secreciones glandulares, a reducir la excitabilidad de las fibras musculares lisas del intestino y a aumentar el tono de la pared intestinal.

JARABE DE CEBOLLA Y ZUMO DE MEMBRILLO

Preparación: se aplastan en una prensa las cebollas crudas hasta obtener 100 g de zumo, y se repite la operación con los membrillos frescos (Cydonia oblonga L.) para sacar la misma cantidad de zumo. Se deja reposar el compuesto durante 24 horas a 15°, se añaden 300 g de azúcar de caña y se mezcla.
Se hierve a fuego lento durante cinco minutos.

POSOLOGÍA
Se toman tres cucharadas de jarabe en una bebida caliente cuatro veces al día.

NOTA
El jarabe está particularmente indicado en las diarreas infantiles, especialmente como complemento a una posible terapia antibiótica.

Diuresis escasa, oliguria, hipofuncionamiento renal

DEFINICIÓN Y SÍNTOMAS

Eliminación de una cantidad de orina inferior a la normal debido a deshidratación del organismo o a afecciones hepáticas, renales y cardiacas.

ACCIÓN DEL REMEDIO

Diurética, estimulante del aparato urinario.

TERAPIA

INFUSIÓN DE CEBOLLA Y GROSELLA NEGRA

Preparación: *se introducen en un envase con cierre hermético 300 g de bulbos de cebolla rallada fina y 50 g de hojas de grosella negra* (Ribes nigrum L. folia); *se añade 1 l de agua hirviendo y se deja en infusión durante unos diez minutos. Se filtra.*

POSOLOGÍA
Se beben cada día, después de comer, 200-250 ml de infusión, después de endulzarla con miel de flores de girasol.

NOTA
La grosella negra excita el epitelio y favorece una diuresis abundante.

Edemas, retención de líquidos

DEFINICIÓN Y SÍNTOMAS

Presencia excesiva de líquido en los tejidos y en las cavidades serosas (pleura, pericardio, etc.) debida a múltiples factores y síntoma de varias enfermedades: insuficiencia cardiaca, inflamación de las vías linfáticas y de las venas, cirrosis hepática etc.

ACCIÓN DEL REMEDIO

Diurética, estimulante del aparato urinario.

TERAPIA

ACEITE AROMÁTICO DE CEBOLLA

Preparación: *en 1 l de aceite virgen de oliva, se ponen a macerar durante 10 días 500 g de bulbos de cebolla cruda cortados finamente. Se agita el recipiente por lo menos una vez al día. Se cuela y se prensa el residuo.*
Uso: se usa este preparado como condimento para entremeses, verduras, ensaladas y menestras.

NOTA
El aceite aromático se puede utilizar también en caso de ascitis, pleuritis, pericarditis, hemorroides, estasis venosa y varices.

ESTIPSIS, ESTREÑIMIENTO, CONSTIPACIÓN

DEFINICIÓN Y SÍNTOMAS

Molestia consistente en dificultad de evacuación intestinal, que se vuelve irregular y fastidiosa, debido a una movilidad alterada del intestino grueso, enfermedades del colon, alimentación inadecuada, estados ansiosos u otros factores.

ACCIÓN DEL REMEDIO

Emoliente intestinal, laxante, depurativa.

TERAPIA

INFUSIÓN DE CEBOLLA Y RAÍZ DE AZUFAIFA

Preparación: se vierte 1 l de agua fría en un envase con cierre hermético y se añaden 200 g de cebollas cortadas finas y 40 g de raíz de azufaifa (Rhamnus frangula L. cortex). Se hierve a fuego moderado durante unos 25 minutos, se deja reposar durante diez horas y se filtra.

POSOLOGÍA
Se beben cada noche 200 ml de infusión tibia, después de endulzarla con miel de flores de diente de león, regulador intestinal, o de girasol. Se sigue con la terapia hasta reanudar un ritmo intestinal regular.

CONSUMO DIARIO DE CEBOLLA COCIDA

Es oportuno introducir en la dieta cotidiana 150-200 g de cebollas hervidas o cocidas en el horno, añadidos a las otras verduras contenidas habitualmente en el menú.

HIPERGLUCEMIA, *DIABETES MELLITUS*

DEFINICIÓN Y SÍNTOMAS

La *hiperglucemia* es la presencia de excesivas cantidades de azúcar en la sangre y se encuentra sobre todo en la diabetes pancreáticas, aunque esté presente también en otras afecciones, como hipertiroidismo, dermatosis, síndrome de Cushing, feocromocitomas.

En la *diabetes,* la hiperglucemia está acompañada de glucosuria (presencia de azúcar en la orina), ya que la causa es un déficit relativo de insulina.

La diabetes juvenil (hasta los cuarenta años) exige siempre la administración de insulina, mientras que la terapia dietética es aconsejada para la diabetes de los mayores (diabetes grasa), más leve, estable, a veces insulinoindependiente, a menudo asociada a exceso de peso, pinguosidad y obesidad.

ACCIÓN DEL REMEDIO

Preventiva y curativa.

TERAPIA

ACEITE AROMÁTICO DE CEBOLLA

Preparación: se cortan finamente 150 g de bulbos de cebolla cruda y limpia y se ponen a macerar durante unas horas en 100 g (5 cucharadas soperas) de aceite extra virgen de oliva.

Uso: se usa este preparado para aliñar entremeses, verduras crudas, ensaladas y menestras.

NOTA

La cebolla cruda regulariza el funcionamiento del páncreas, sobre todo en sujetos adultos con tendencia a engordar.

El aceite de oliva lleva vitamina F, constituida por ácidos grasos insaturados, y normaliza también la colesterolemia.

LITIASIS BILIAR

DEFINICIÓN Y SÍNTOMAS

Formación de cálculos en las vías biliares, y sobre todo en la vesícula biliar, debida a factores constitucionales, alimentarios y fisiológicos. El cólico característico se manifiesta con dolor agudo en la región hepática que se expande al hombro derecho, a menudo acompañado por vómitos y fiebre.

La cura es farmacológica, dietética y, en presencia de complicaciones, quirúrgica.

ACCIÓN DEL REMEDIO

Espasmolítica en la musculatura lisa de las vías biliares; actividad colecistocinética que puede favorecer, sin cólico, la migración de pequeños cálculos.

TERAPIA

VINO MEDICAMENTOSO DE CEBOLLA Y RÁBANO

Preparación: en 2 l de vino blanco seco o abocado se ponen a macerar durante 15 días 400 g de cebolla rallada y 50 g de raíz troceada de rábano o rabanillo negro (Rhaphanus sativus L. var. nigra radix pulverata). Se agita el recipiente por lo menos una vez al día. Se filtra.

POSOLOGÍA
Se bebe un vasito después de comer y de cenar.

NOTA
El rábano tiene una acción favorable en las contracciones y litiasis biliares.

LITIASIS RENAL Y URINARIA

DEFINICIÓN Y SÍNTOMAS

Formación de cálculos en las vías urinarias debida a excesiva concentración de determinadas sustancias (ácidos úrico y oxálico, fosfatos, etc.). Puede provocar manifestaciones dolorosas, o cólicas, caracterizadas, además de por dolor agudo e imprevisto, por fiebre y síntomas intestinales. Como terapia, es fundamental una dilución constante de la orina.

ACCIÓN DEL REMEDIO

Diurética, antibacteriana.

TERAPIA

VINO MEDICAMENTOSO DE CEBOLLA, ABEDUL Y ALCACHOFA

Preparación: en 2 l de vino blanco seco o abocado se ponen a macerar durante 15 días 400 g de cebolla rallada, 100 g de hojas secas de abedul blanco (Betula alba L. folia concisa) y 100 g de hojas de alcachofa (Cynara scolymus L.). Se agita a menudo el recipiente. Se filtra.

POSOLOGÍA
Se bebe un vaso dos veces al día, durante o después de las comidas, o por la mañana y por la noche.

NOTA
El abedul blanco potencia la acción diurética y antiséptica de la cebolla; la alcachofa es eficaz en la terapia de los cálculos de oxalato de calcio.

RECETAS
PARA CURARSE
EN LA MESA

Los ingredientes indicados
son para cuatro personas

ARROZ CON AJO Y SETAS

400 g de arroz	caldo vegetal
60-80 g de setas secas	4 cucharadas de aceite extra virgen de oliva
4 dientes de ajo	queso parmesano rallado (opcional)
medio vaso de vino blanco seco	sal

1. Se cortan las setas en trozos y se reblandecen en agua tibia.

2. En una cazuela, se sofríen suavemente en el aceite los dientes de ajo y se retiran en cuanto se doren.

3. Se vierte el arroz y se mezcla hasta que esté totalmente impregnado de aceite.

4. Se añade el vino, las setas y la sal.

5. Se cuece a fuego lento, añadiendo poco a poco el caldo hasta que se complete la cocción.

6. Se añade el queso rallado (si se desea) y se sirve.

Bebidas aconsejadas: vino blanco de aguja o seco, clarete abocado, rosado ligero, tinto ligero; cerveza rubia o negra; agua mineral.

ARROZ CON CEBOLLAS

400 g de arroz

500 g de cebollas frescas y tiernas

70 g de mantequilla

120 g de leche entera

caldo vegetal

queso parmesano rallado

sal

1. Se pelan, se lavan y se cortan las cebollas en trozos.

2. Se quitan eventuales impurezas del arroz y se lava en agua corriente.

3. En una cazuela se deshace la mantequilla, se ponen las cebollas, se cubre y se cuece a fuego lento.

4. Al cabo de 15 minutos se añade la leche y se cuece 15 minutos más.

5. Se añade el arroz y dos cazos de caldo caliente; se sala a continuación.

6. Se deja cocer a fuego lento 25 minutos más, removiendo de vez en cuando con una cuchara de madera y añadiendo caldo cuando el arroz esté demasiado seco.

7. Hacia el final de la cocción, antes de apagar el fuego, se añade el parmesano rallado y se deja fundir uno o dos minutos.

8. Se sirve caliente o tibio, como se prefiera.

Bebidas aconsejadas: vino rosado ligero, tinto ligero o fuerte; cerveza rubia o negra; agua mineral.

BACALAO CON CEBOLLAS, PIMIENTOS Y PATATAS

500 g de bacalao desalado	perejil y albahaca
250 g de cebollas frescas y tiernas	3 hojas de laurel
300 g de pimientos rojos y amarillos	1 rama de romero
100 g de apio verde	vino blanco seco
200 g de patatas nuevas	aceite extra virgen de oliva
200 g de tomates pelados	sal y pimienta
50 g de aceitunas verdes con hueso	

1. Se le quitan al bacalao las espinas, se lava varias veces y se pasa por el fuego con parte del vino blanco.

2. Se lavan los pimientos y el apio y se cortan los primeros en trozos y el segundo en arandelas; se pelan y cortan las cebollas y las patatas.

3. Se ponen todas las verduras en una cazuela no adherente y se sofríen en el aceite durante poco tiempo.

4. Se añade el bacalao, las aceitunas verdes, los tomates pelados, sal y pimienta.

5. Se cuece durante unos 20-25 minutos; a mitad de la cocción, se añaden las hojas de laurel y la rama de romero.

6. Hacia el final de la cocción se añaden el perejil y la albahaca triturados.

7. Se sirve.

Bebidas aconsejadas: vino blanco seco, rosado ligero, tinto ligero o fuerte; cerveza rubia o negra; agua mineral.

CARNE ESTOFADA CON PATATAS, CEBOLLAS Y GUISANTES

400 g de carne de ternera magra	caldo vegetal
100 g de guisantes congelados	vino blanco seco
100 g de patatas	2 cucharadas de aceite extra virgen de oliva
100 g de tomates	2 cucharadas de mantequilla
300 g de cebollas	sal y pimienta

1. Se preparan las verduras para la cocción.

2. Se vierten el aceite y la mantequilla en una cazuela no adherente y se sofríen durante unos minutos las cebollas trituradas finas.

3. Se añade la carne de ternera a trozos, se dora, se añade el vino blanco y se cuece hasta su completa evaporación.

4. Se añaden los guisantes, las patatas a dados y los tomates a trozos; se une también el caldo vegetal, manteniendo la cocción durante unos 25 minutos a fuego moderado.

5. Con la cocción ultimada, se salpimenta.

Bebidas aconsejadas: vino rosado ligero, tinto ligero o fuerte; cerveza rubia o negra; agua mineral.

CEBADA PERLADA CON CEBOLLA, AJO Y HIERBAS

400 g de cebada perlada

200 g de cebollas

2 dientes de ajo

albahaca, perejil, tomillo, salvia, romero, mejorana

caldo vegetal

vino blanco seco

sal y pimienta blanca molida

queso parmesano o queso de oveja rallado

4 cucharadas de aceite extra virgen de oliva

1. Se pelan, se lavan y se trituran las cebollas, y se fríen un poco en dos cucharadas de aceite.

2. Se vierte la cebada en la misma sartén y se deja tostar.

3. Se añade el vino blanco, se deja evaporar y se une el caldo hasta que se acabe la cocción.

4. Se exprime el ajo crudo, se mezcla a la cebada cocida, se aliña con dos cucharadas de aceite y se añaden las hierbas aromáticas trituradas en el momento.

5. Se salpimenta, se añade el queso rallado y se sirve.

Bebidas aconsejadas: vino rosado ligero, tinto ligero o fuerte; cerveza rubia o negra; agua mineral.

CEBOLLAS Y BRÉCOL CON PAN TOSTADO

300 g de cebollas blancas

700 g de brécol

200 g de tomates pequeños

8 rebanadas de pan tostado

4 dientes de ajo

aceite extra virgen de oliva

sal y pimienta blanca molida

1. Se cortan en grandes trozos las cebollas peladas y lavadas.

2. Se limpia el brécol, se lava debajo de agua corriente y se corta.

3. Se hierven las cebollas y el brécol.

4. Se calientan las rebanadas de pan tostado, se frotan bien con ajo, se colocan encima los tomates troceados y se aliña con sal, pimienta y aceite.

5. Se escurren las cebollas y el brécol y se sirven con las tostadas calientes.

Bebidas aconsejadas: clarete abocado, vino blanco seco, rosado ligero, tinto ligero; cerveza rubia; agua mineral.

CEBOLLA FRITA

500 g de cebollas

1 taza y media de leche

1 taza de harina blanca

1/4 de cucharada de pimienta blanca en polvo

aceite para freír

sal

1. Se pelan las cebollas, se lavan y se cortan en lonchas gruesas.

2. Se mojan en la leche, y se pasan por la harina ya salpimentada.

3. En una cazuela, se pone el aceite para freír, se calienta bien y se colocan, sin sacudirlas, las lonchas de cebolla pasadas por harina de tres a cinco minutos, hasta que adquieran un color dorado.

4. Antes de servirlas, se quita el aceite sobrante con papel de cocina.

Bebidas aconsejadas: vino blanco de aguja o seco, clarete abocado, tinto ligero; cerveza rubia; agua mineral.

CEBOLLAS CON PERAS Y TOMATES

300 g de cebollas blancas

300 g de peras

300 g de tomates

zumo de limón

2 cucharadas de queso parmesano rallado

3 cucharadas de aceite extra virgen de oliva

sal

1. Después de pelar y lavar las cebollas, se cocinan al vapor, y luego se colocan en una sartén para el horno.

2. Se pelan las peras, se les quita el corazón, se cortan y se salpican de zumo de limón; se añaden las cebollas.

3. Se lavan los tomates, se cortan en lonchas finas, se aliñan con aceite y sal y se unen a los otros ingredientes.

4. Se espolvorea el queso rallado y se gratina durante algunos minutos.

Bebidas aconsejadas: clarete abocado, blanco seco, rosado ligero; cerveza rubia; agua mineral.

CEBOLLAS Y HORTALIZAS AL HORNO

300 g de cebollas	200 g de pimientos rojos
200 g de hinojo	200 g de pimientos verdes
200 g de nabos	3 cucharadas de aceite extra virgen de oliva
200 g de calabaza	orégano, mejorana, ajo, laurel y otras especias
200 g de calabacines	al gusto
200 g de zanahorias	sal, pimienta, caldo vegetal

1. Se limpian, lavan y cortan las verduras; mientras tanto, se calienta el horno a 150º.

2. Se unta una sartén y se colocan ordenadamente las verduras, se añaden las especias y el caldo vegetal; se salpimenta y se cuece durante 40 minutos.

3. Se sirve.

Bebidas aconsejadas: clarete abocado, blanco seco, rosado ligero, tinto ligero; cerveza rubia; agua mineral.

CEBOLLAS RELLENAS EXCELSIOR

8 cebollas blancas del mismo tamaño

600 g de espinacas

200 g de salchicha aromatizada con hinojo

250 ml de leche entera

100 g de mantequilla

50 g de harina

3 cucharadas de queso parmesano rallado

pan rallado, perejil

nuez moscada, sal, pimienta

1. Después de pelar y lavar las cebollas, se hierven en agua poco salada.

2. Cuando estén todavía al dente, se escurren y se elimina la parte central para obtener unas copas.

3. Se lavan y se hierven las espinacas en poca agua; luego se escurren, se trocean finamente y se pasan en una sartén con mantequilla, sal y pimienta.

4. Se prepara una bechamel con mantequilla, harina y leche, se salpimenta y se aromatiza con nuez moscada.

5. Se unen las espinacas a la bechamel y se mezcla añadiendo también el perejil.

6. Se añaden la salchicha pelada y troceada y el parmesano rallado; se hace que el compuesto sea perfectamente homogéneo.

7. Se rellenan las copas de cebolla con el compuesto, se colocan en una sartén untada con mantequilla y se espolvorean con pan rallado y mantequilla fundida.

8. Se hornea a 180° durante 15 minutos y se sirven calientes o frías.

Bebidas aconsejadas: vino clarete abocado, blanco seco, rosado ligero, tinto ligero; cerveza rubia; agua mineral.

CEBOLLAS ROJAS PICANTES

300 g de cebollas rojas

300 g de patatas

200 g de berenjenas

200 g de judías frescas

3 cucharadas de aceite extra virgen de oliva

caldo vegetal

curry, cilantro, jengibre y otras especias al gusto

sal y chile

1. Se lavan y se pelan las verduras; se cortan las cebollas en lonchas muy finas, las berenjenas a dados y las patatas a trozos. Se descascaran las judías frescas y se lavan.

2. En una cazuela antiadherente, se sumergen las verduras y las judías en caldo caliente y se sigue con la cocción añadiendo más caldo si se cree necesario.

3. Con la cocción casi ultimada, después de unos 30 minutos, se añade el curry y las especias según las cantidades deseadas.

4. Después de unos 5 minutos, con la cocción ultimada, se añaden el aceite de oliva, la sal y el chile, antes de servir.

Bebidas aconsejadas: vino clarete abocado, blanco seco, rosado ligero, tinto ligero; cerveza rubia; agua mineral.

CREMA DE CEBOLLA

300 g de cebollas

50 g de mantequilla

2-3 cucharadas de harina

2 cubitos para caldo vegetal

sal

1. Se pelan y se lavan las cebollas, y se cortan en lonchas finas.

2. Se calienta la mantequilla en una cazuela, se añaden las cebollas y se sofríen a fuego moderado sin que cojan color.

3. Se añade la harina y se mezcla hasta que la mantequilla la haya absorbido del todo.

4. Se añade 1 l de agua, se unen los dados, se hierve a fuego fuerte, se baja el fuego y se deja cocer unos 30 minutos.

5. Tras salar, se sirve, con guarnición según los gustos (tostadas o pan frito, yemas de huevo añadidas al finalizar la cocción, etc.).

Bebidas aconsejadas: vino blanco de aguja o seco, clarete abocado, rosado ligero, tinto ligero; cerveza rubia; agua mineral.

DORADA AL AJO Y A LAS HIERBAS AROMÁTICAS

1 dorada (unos 800 g)

4 dientes de ajo

1 cebolla blanca

2 tomates no demasiado maduros

1 manojo pequeño de perejil

1 ramito de hierbas aromáticas

medio limón

1 vaso de vino blanco

aceite extra virgen de oliva

chile rojo

sal en grano

1. Se limpia y lava la dorada.

2. Después de verter dos cucharadas de aceite en la fuente del horno, se coloca la dorada con algunas rodajas de limón encima y los dientes de ajo un poco aplastados, se riega con vino blanco y se sala.

3. Se añade un pisto de cebolla, tomate, perejil y hierbas aromáticas, se une el chile y se hornea durante 45 minutos.

4. Se sirve.

Bebidas aconsejadas: vino blanco seco, rosado ligero, tinto ligero; cerveza rubia o negra; agua mineral.

ENSALADA AL AJO CON ALMENDRAS Y NUECES

100 g de almendras dulces (sin cáscara)

100 g de nueces (sin cáscara)

200 g de champiñones

100 g de zanahoria

200 g de tomates para ensalada

1 manojo de jaramago

1 macolla de hojas de roble

5 dientes de ajo

vinagre de vino o de manzana

aceite extra virgen de oliva

sal y pimienta

1. Se lavan bien las verduras y los champiñones.

2. Se trocean las hojas de roble y el jaramago, se pelan y cortan en arandelas las zanahorias, se cortan en gajos los tomates y en rodajas los champiñones.

3. Se trituran de forma gruesa cuatro dientes de ajo y se frotan dos medios dientes en el interior de la fuente.

4. Se pone todo en la fuente y se colocan encima las almendras y las nueces.

5. Se aliña con vinagre, aceite, sal y pimienta, y se sirve.

Bebidas aconsejadas: vino blanco ligero, rosado ligero; cerveza rubia o negra; agua mineral.

Variantes: cebolletas, nabo, pimientos, escarola, endibia, lechuga.

ENSALADA MARINERA AL AJO

200 g de langostinos frescos o congelados

4 tallos de apio blanco

8 macollas de endibia

2 ramas de hinojo

4 zanahorias tiernas

2 cucharaditas de coñac

4 dientes de ajo

zumo de limón

aceite extra virgen de oliva

perejil triturado

sal y pimienta

1. Se lavan y hierven los langostinos en agua salada durante pocos minutos, se les quita la cáscara, se escurren, se colocan en una fuente y se rocían de coñac.

2. Después de limpiar y lavar las verduras, se cortan las zanahorias y el apio en palitos, los hinojos en cuatro gajos y las hojas de endibia en dos, verticalmente.

3. Se emulsiona el aceite con el limón, y se añade sal, pimienta, ajo triturado fino y perejil.

4. Se aliña la ensalada con la salsa y se sirve.

Bebidas aconsejadas: vino tinto o rosado ligero; cerveza rubia o negra; agua mineral.

Variantes: pulpitos, cangrejos, sepia; cebollas, tomates, nabos, pepinos; albahaca, cebolleta.

ESPAGUETIS AL AJO Y ALBAHACA

500 g de espaguetis	300 g de tomates pelados
4 dientes de ajo	aceite extra virgen de oliva
2 manojos de albahaca	sal
50 g de aceitunas negras sin hueso	1 chile rojo (opcional)

1. En un mortero de madera se trituran los dientes de ajo y las hojas de albahaca hasta obtener una salsa blanda y homogénea.

2. Se pone en una cazuela una cantidad suficiente de aceite, se añade el preparado de ajo y albahaca y los tomates pelados troceados, y se cuece a fuego lento hasta que la salsa empiece a cuajar.

3. Se añaden las aceitunas sin hueso y, si se quiere, el chile; se continúa la cocción durante unos minutos y se añade la sal.

4. Se cuecen los espaguetis, se escurren, se aliñan con la salsa y se sirven.

Bebidas aconsejadas: vino blanco de aguja o seco, clarete abocado, rosado ligero, tinto ligero; cerveza rubia o negra; agua mineral.

Variantes: pasta de cualquier tipo, ñoquis, menestra.

MACARRONES CON CREMA DE CEBOLLA Y PARMESANO

500 g de cebollas frescas y tiernas

400 g de macarrones

40 g de harina

100 g de parmesano rallado

aceite extra virgen de oliva, mantequilla, sal y pimienta

1. Se limpian y lavan las cebollas, se cortan finas y se ponen en una cazuela con aceite y mantequilla.

2. Se sofríen a fuego vivo; se baja el fuego, se salpimenta y se deja cocer.

3. Cuando las cebollas empiecen a deshacerse, se añade la harina y, con una cuchara de madera, se remueve hasta obtener una crema suave, evitando que se formen grumos.

4. Se cuece la pasta al dente, se escurre y se une a la crema en la cazuela, añadiendo el parmesano.

5. Se cuece a fuego lento dos minutos más, de manera que la pasta y la crema se mezclen perfectamente, y se sirve.

Bebidas aconsejadas: vino blanco de aguja o seco, clarete abocado, rosado ligero, tinto ligero; cerveza rubia; agua mineral.

POLLO AL AJO

1 pollo (de unos 750 g)

4 dientes de ajo

laurel, salvia, romero, semillas de hinojo, menta, orégano, perejil, apio, tomillo, albahaca

4 cucharadas de aceite extra virgen de oliva

zumo de limón

sal

1. Se corta el pollo en trozos y se le quita la piel. Se lava bien.

2. Se prepara una salsa de aceite, zumo de limón, aromas, sal y ajo triturado y se deja macerar el pollo una hora aproximadamente.

3. Se cocina a la parrilla, mojándolo a menudo con la salsa.

Bebidas aconsejadas: vino tinto ligero o fuerte; cerveza rubia o negra; agua mineral.

Variantes: cordero, caza, conejo, roast-beef.

SOPA DE AJO

1,5 l de agua

16 dientes de ajo

1 rama de tomillo

1 rama de salvia

1 clavo de olor

6 cucharadas de aceite extra virgen de oliva

parmesano o queso de oveja rallado

16 rebanadas de pan

sal y pimienta

1. Se ponen en una cazuela el agua, los dientes de ajo, las ramas de tomillo y de salvia y el clavo de olor; se salpimenta.

2. Se cuece durante 30 minutos a fuego vivo.

3. Se rocían las rebanadas de pan con el queso y se gratina en el horno.

4. En cuanto estén listas, se sacan del horno, se colocan en una fuente y se rocían con aceite, dejando que se empapen a la perfección.

5. Se cuela la sopa y se vierte hirviendo encima del pan.

Bebidas aconsejadas: vino blanco seco o de aguja ligeramente afrutado, clarete abocado, rosado ligero, tinto ligero; cerveza rubia; agua mineral.

SOPA DE AJO, GARBANZOS Y ROMERO

600 g de garbanzos secos

4 dientes de ajo

1 rama de romero

aceite extra virgen de oliva

pan cortado a dados

sal

pimienta o chile

1. Después de remojar durante una noche los garbanzos en agua salada, se hierven, se escurren y se pasan por el pasapurés.

2. Se prepara un sofrito con aceite, ajo y romero y se sofríe suavemente; luego se retiran el romero y los dientes de ajo apenas dorados.

3. Se añade la salsa de garbanzos y un poco de agua caliente, se salpimenta o, si se prefiere, se añade el chile, y se deja hervir durante una hora, removiendo a menudo para evitar que se pegue.

4. Se fríen los dados de pan en abundante aceite; luego se disponen ordenadamente en los platos.

5. En cuanto la sopa esté lista, se vierte en los platos y se sirve.

Bebidas aconsejadas: vino blanco seco, rosado, tinto fuerte; cerveza negra; agua mineral.

SOPA CASERA

4 cebollas rojas

300 g de guisantes

4 tallos de apio

2 zanahorias

4 huevos

8 rebanadas de pan casero

1 vaso de aceite extra virgen de oliva

queso parmesano rallado

sal y pimienta

1. Se trituran las cebollas y se cortan en dados las zanahorias y el apio.

2. Se ponen las verduras en una olla de barro con un vaso de aceite; se añade sal y pimienta, se cubre y se cuece durante una hora a fuego muy lento.

3. Se remueve a menudo para evitar que se pegue, sin añadir agua.

4. Con la cocción casi finalizada, se añaden los guisantes hervidos previamente: 150 g enteros y 150 en puré.

5. Se tuestan las rebanadas de pan casero, se sumergen unos segundos en el agua de cocción de los guisantes y se colocan en los platos.

6. Se añade la sopa y se pone un huevo escalfado en agua sin sal en cada plato.

7. Se sirve con parmesano rallado espolvoreado.

Bebidas aconsejadas: vino rosado, tinto ligero o fuerte; cerveza rubia; agua mineral.

SOPA CLÁSICA DE CEBOLLA

300 g de cebolla blanca

50 g de harina blanca

50 g de mantequilla

150 g de parmesano rallado

2 l de caldo vegetal claro

16 tostadas pequeñas de pan

sal

1. Después de sumergirlas en agua tibia durante cinco minutos, se pelan y rebanan las cebollas.

2. Se sofríen en la mantequilla y, cuando empiecen a dorarse, se rocían de harina y se sigue la cocción hasta que se doren.

3. Se añade el caldo dejando cocer durante 20 minutos; se sala y, si se quiere, se pasa la sopa por el pasapurés.

4. Se pone en una fuente con los bordes altos, se cubre con las tostadas de pan, se espolvorea el queso rallado y se gratina en el horno.

Bebidas aconsejadas: vino blanco de aguja o seco, clarete abocado, rosado ligero, tinto ligero; cerveza clara; agua mineral.

SOPA GRATINADA DE CEBOLLAS

400 g de cebolla

4 cucharadas de mantequilla

4 tazas de caldo de carne concentrado

8 rebanadas pequeñas y finas de pan tostado

4 cucharadas de queso gruyère rallado

4 cucharadas de parmesano rallado

sal y pimienta

1. Se pelan, lavan y cortan en rodajas finas las cebollas.

2. En una olla grande, se calienta la mantequilla, se añaden las cebollas y se sofríen hasta que empiecen a dorarse.

3. Se une el caldo, se hierve y se continúa la cocción durante diez minutos. Se salpimenta.

4. Se pone la sopa en cuatro tazones, se decora cada tazón con dos rebanadas de pan tostado y, después de mezclar los dos tipos de queso rallados, se esparcen encima del pan.

5. Se gratina a 220-250° y se sirve.

Bebidas aconsejadas: vino rosado, tinto ligero o fuerte; cerveza rubia; agua mineral.

TALLARINES CON *PESTO* A LA GENOVESA

Para la pasta:

400 g de harina integral o blanca

150 g de judías verdes muy pequeñas

2 patatas

sal

Para el pesto:

3 manojos de albahaca

50 g de parmesano rallado

50 g de queso de oveja rallado

2 dientes de ajo

2 cucharadas de piñones

un pellizco de sal gruesa

aceite extra virgen de oliva

1. Se prepara una masa homogénea y consistente añadiendo a la harina la sal y el agua necesarias poco a poco.

2. Se alisa la masa no muy fina y se cortan los tallarines de unos 2 mm de ancho, o se utiliza la máquina para la pasta.

3. Se lavan las hojas de albahaca, se escurren y se secan durante unos minutos.

4. Encima del picador de madera, se trituran los dientes de ajo limpios, las hojas de albahaca y la sal gruesa. Se vierte el preparado en el mortero y se machaca bien.

5. Cuando los ingredientes estén bien amalgamados, se añaden los piñones y se machacan bien.

6. Luego, poco a poco, se añade el queso rallado, primero el parmesano y luego el de oveja, se mezcla y se machaca unos minutos más.

7. Se diluye el compuesto con aceite hasta obtener una crema fina y homogénea.

8. Se hierven las judías y las patatas cortadas en trozos.

9. Se hierven los tallarines en mucha agua, se escurren, se añaden las verduras y se mezcla.

10. En el momento de servir, se añaden al pesto dos o tres cucharadas de agua caliente de la pasta.

Bebidas aconsejadas: vino blanco de aguja o seco, clarete abocado, tinto ligero; cerveza rubia o negra; agua mineral.

Variantes: pasta de cualquier tipo, ñoquis, menestra.

TORTILLA CON CEBOLLAS

4 huevos

2 cebollas pequeñas y tiernas

4 cucharadas de aceite extra virgen de oliva

un pellizco de chile rojo molido

sal

1. Se pelan y se lavan las cebollas, y se cortan en rebanadas finas.

2. En una fuente se baten los huevos con un tenedor, y se añade la sal y el chile rojo molido.

3. En una sartén se pone el aceite y se añaden las cebollas cortadas, sofriéndolas a fuego lento.

4. Se añaden poco a poco los huevos batidos y se cuece la tortilla dándole la vuelta algunas veces. Se sirve.

Bebidas aconsejadas: vino clarete abocado, blanco seco, rosado, tinto; cerveza, agua mineral.

ÍNDICE DE LAS FICHAS TERAPÉUTICAS

ÍNDICE
DE LAS RECETAS